Rainald Bierstedt

GOLF & ENGLISCH

Ein Beitrag

zur Unterstützung des

Kinder- und Jugendgolfsports

Rainald Bierstedt

GOLF & ENGLISCH

Words, Phrases, Comments,

Reading Texts and Illustrations

Bibliografische Information der Deutschen Nationalbibliothek:
Die Deutsche Nationalbibliothek verzeichnet diese Publikation in der
Deutschen Nationalbibliografie; detaillierte bibliografische Daten sind
im Internet über http://dnb.d-nb.de abrufbar.

Herstellung und Verlag:
BoD – Books on Demand, Norderstedt

ISBN: 9783746006505

Die Beiträge des Autors zur Verbreitung des Olympischen Gedankens im Golfsport stützen sich im Wesentlichen auf Erfahrungen und Erkenntnisse aus seinen zurückliegenden Tätigkeiten seit 1995 als ...

- Lehrer für das Wahlpflichtfach 1 und 2 Golfsport an der Grund- und Gesamtschule Spreenhagen (bei Berlin) sowie an der 1. Oberschule Fürstenwalde (jetzt Spree-Oberschule),
- Leiter einer Schulsport-AG Golfsport im Rahmen der Jugendinitiative „Abschlag Schule" des DGV u. der VcG,
- Projektleiter des DGV-Schülerprojekts Golf-WM 2000,
- Mitorganisator bei der deutschlandweiten Einführung bzw. Etablierung von Golf in JUGEND TRAINIERT FÜR OLYMPIA,
- Beauftragter für Schulgolf des Landes Brandenburg im Auftrag des Ministeriums für Bildung, Jugend und Sport,
- Verantwortlicher für die Durchführung der Brandenburger Landesfinals Golf JUGEND TRAINIERT FÜR OLYMPIA,
- Durchführender diverser Projekte GOLF& OLYMPIA,
- Jugendwart eines Golf Clubs,
- Schulsportbeauftragter eines Golf Clubs,
- Teilnehmer an einem Trainer-C-Lehrgang Breitensport / Schulgolfsport,
- Lehrbeauftragter an der Universität Potsdam, Institut für Sportwissenschaften, für das Themenfeld „Pädagogische Aspekte des Golfsports",
- Organisator/Durchführender von 20 Lehrer-Fortbildungs- veranstaltungen „Schulgolfsport" im Land Brandenburg,
- Gestalter und Betreuer der Info-Points „Golf & Schule" sowie „Golf–Olympia–Jugend" im Resort A-Rosa Scharmützelsee, in Kooperation mit der Deutschen Olympischen Gesellschaft,
- Referent zu Fragen des Schulgolfsports, u.a. an der Deutschen Sporthochschule Köln
  sowie
- als Autor von 26 Publikationen über Golfsport.

Golf

ist viel mehr

als nur Bälleschlagen!

Inhalt   Contents

Seite / Page

7

VORWORT * FOREWORD

Liebe Golffreunde,

die Schule kann nicht die vielen spezifischen englischen Fachbegriffe des Golfsports vermitteln. Das würde wahrscheinlich zu weit führen. Das meiste „Golf-Englisch" lernen wir beim Pro. Ob Muttersprachler oder Deutscher – die Pros wenden überwiegend die englischen Terms an. Englisch ist nun mal die Golfsprache. Natürlich ist der Pro kein Englischlehrer, das Golfen steht im Mittelpunkt. Die Sprache ist ihm Mittel zum Zweck.

Aber – so dachte ich – es könnte doch hilfreich sein, wenn man erstens in einem Büchlein die sehr spezifischen englischen Begriffe noch mal nachlesen und damit besser lernen kann. Und zweitens, wenn man sich etwas vertiefend mit der Sprache der Golfer beschäftigt.

So habe ich also versucht, die nach meiner Erfahrung wichtigsten Englisch-Vokabeln und Redewendungen, die man beim Golfen unbedingt benötigt, zusammenzutragen. Acht Comic-Kids begleiten euch lernend und fragend durch den „Vokabel- und Phrases-Dschungel".

Mir ging es nicht um reines, einzupaukendes Vokabelwissen, sondern im wahrsten Sinne des Wortes um den Wortschatz in seiner Breite und Tiefe, stets auf das Golfspiel bezogen. Begriffe verstehen lernen!

Ein Versuch war das mir Wert.

Schauen wir mal, wie es ankommt.

Der Autor

EINLEITUNG * INTRODUCTION

Warum die Golfsprache ENGLISCH ist.
Historisches in aller Kürze.

Die meisten Historiker gehen davon aus, dass die Wiege des Golfsports im heutigen Großbritannien liegt, in Schottland an der Nordseeküste, im Raum St Andrews. Das war um 1600 herum. Zu dieser Zeit waren Schottland und England zwar separate Königreiche, wurden jedoch von einem König regiert. 1707 wurden die beiden Staaten zum Königreich Großbritannien vereinigt.

Besonders der Britische Adel liebte es zu golfen. Charles I. (1600-1649), König von England, Schottland und Irland, brachte das Spiel nach England.

Bedeutende Impulse für die Entwicklung des Golfsports gingen von Leith aus, einer Stadt bei Edinburgh. Dort entstand um 1640 der erste Wettspiel-Golfplatz. Ein Platz, der völlig der Natur und den landschaftlichen Gegebenheiten angepasst war. Abschläge, Bunker, Löcher usw. mussten nicht erst gebaut werden, man nutzte einfach das, was vorhanden war. Auf diesem Golf Course in Leith fand auch das erste internationale Golfmatch statt.

In Leith entstand auch um 1744 der erste Golfclub. Schon damals waren die Golfer sehr fair, freundlich und höflich. Der Club nannte sich: The Company of Gentlemen Golfers of Leith. Der Bürgermeister von Edinburgh stiftete einen Pokal, den „Silver Club", für das jährliche Wettspiel dieser ehrenwerten Gentlemen. Zudem wurde der Sieger mit dem Titel „Captain of Golf" geehrt. Der Präsident der Gentlemen Golfers, Duncan Forbes, schuf für dieses Turnier die ersten Wettspielregeln, 13 an der Zahl, die als Ur-Regeln des Golfsports gelten. Man hat sie damals sogar in Stein niedergeschrieben!

Um1754 kam es zur Gründung der St Andrews Society of Golf. Doch schon rund 200 Jahre zuvor schlug man dort an der Nordseeküste Golfbälle. Von St Andrews ging wohl der größte Einfluss auf die Entwicklung des Golfsports aus. Die Golfer von St Andrews haben echt Golfgeschichte „geschrieben": Sie erweiterten und vervollkommneten die 13 Ur-Regeln von Leith, erfanden das Zählspiel (1759), entwickelten den Platz zum 18-Löcher-Golfplatz (1764). Der König William verlieh daher an St Andrews den Titel „Royal & Ancient" im Jahre 1834.

9

Der Royal and Ancient Golf Club of St Andrews (R&A) wurde so zur ersten Adresse des Golfsports in der Welt. Schließlich darf nicht unerwähnt bleiben, dass der erste Frauen-Golfclub ebenfalls in St Andrews entstand.

Das Golfen wurde immer populärer. So entstand z.B. um 1766 nahe bei London der ebenfalls berühmte Golfclub The Royal Blackheath.

Mit der Festigung des British Empire, der erweiterten Handelstätigkeit sowie der Industriellen Revolution wurde nicht nur die englische Sprache, sondern auch das Golfspiel in die weite Welt hinausgetragen. Die ersten Golfclubs außerhalb der britischen Inseln entstanden so in …

- Indien, Bangalore, 1820;
- Frankreich, Peau, 1856;
- Australien, Adelaide, 1870;
- Kanada, Montreal, 1873;
- Süd-Afrika, Kapstadt, 1885;
- USA, New York, 1888;
- China, Hong Kong, 1889.

FAZIT:
Angesichts dieser historischen Fakten ist es eigentlich nicht verwunderlich, dass die Golfsprache Englisch ist. Mit der Einführung und Entwicklung der Sportart Golf waren und sind Fachbegriffe entstanden, die heute noch Gültigkeit haben. Daher ist es selbstverständlich, dass Golfer in aller Welt sich auf dem Golfplatz in dieser Sprache verständigen.

Mit dem vorliegenden Büchlein wollen wir helfen, dass auch junge Golfer in dieser Sache mitreden können.

Let's go!

IM GOLF-KLUBHAUS   *   AT THE CLUBHOUSE

Am INFO-Brett findest du wichtige Informationen, z.B. diese:

DRIVING RANGE
geöffnet heute ab 9 Uhr.

Ranch? Colts? Texas? Cowboys?
Nein, hier werden auch keine Lassos
geschwungen, sondern Golfschläger.
Die Driving **Range**, nicht Ranch, ist der
Übungsplatz der Golfer.
Das Wort Range bedeutet Reichweite, Schussweite, Aktionsradius. Und
Drive: Den Ball weit treiben, weit schlagen.

RANGE FEE   GREEN FEE

Oh, eine Fee! Wie süß!

Bitte nicht weiter träumen.
Range Fee ist die **Gebühr** für die Benutzung der Driving Range und

Green Fee ist keine grüne Fee, es ist die Gebühr für das Spielen auf
dem Course/Golfplatz. Sie ist vorab im Klubhaus zu entrichten.
Jugendliche zahlen meistens die Hälfte.

Achtung: An den Wochentagen ist es in der Regel billiger als am
Wochenende.

BUGGY

Das ist ja 'ne tolle Sache! Einfach cool!
Mit dem Einspänner durch die Bunker jagen!

Ich glaube, jetzt geht die Phantasie mit dir durch.
Du bist hier nicht beim Reitsport. Ein Buggy gibt es auch beim Golfen,
und zwar in Gestalt eines
kleinen Elektro-Autos = E-Cart,
für 2-4 Personen, mit dem man auf dem
Golfplatz samt Golftaschen fahren darf.

SUNSET TARIF

Oh, wie romantisch.
Aber wieso muss ich für einen
Sonnenuntergang bezahlen?

Nicht doch, **Sunset Tarif** bedeutet,
dass man **ab ca. 16.00 Uhr nur noch**
die Hälfte des normalen Preises zahlen muss.
Und wenn man Glück hat, kannst du vielleicht auch noch einen
Sonnenuntergang erleben und träumen und träumen …

Aber nicht zu lange, denn das Spiel geht weiter.

12

Bestimmte Dinge musst du **an der Rezeption** erledigen.
Die nette Frau fragt dich sicherlich, ob du
CHIPS

haben möchtest.

Woher weißt die denn, dass ich gerne
Fish'n chips esse?

Nicht doch, Chips **sind hier kleine Metallmarken**, **Wertmarken** die du
in den Ballautomaten stecken musst, um Übungsbälle auf der
Range zu bekommen.
Gebräuchlich ist auch die Bezeichnung
TOKEN.

Oder die Frau könnte Engländerin sein und
bietet dir preiswert ein oder zwei **CLUBS** an.

Golfclub???

Du meinst, sie verwechselt mich mit einem
Millionär, der sein Geld gut anlegen will?

No, denn **Club** bedeutet auf Englisch auch **Golfschläger**!
Man kann sich diese auch im Klubhaus ausleihen.

Der Klub im Sinne von Klubhaus = **Clubhouse**.

13

Und dann teilt sie dir mit, dass deine **TEE-TIME** um 9.00 Uhr ist.

Wieso denn das?
Es ist doch noch nicht Five o'clock!
Ich will doch so früh keinen Tee trinken!

Sollst du ja auch nicht. Du liegst mal wieder ganz falsch.
Tee bedeutet in diesem Zusammenhang **Abschlagfläche** auf dem Golfplatz. Das Lieblingsgetränk der Briten heißt nicht Tee, sondern „tea", wie du dich hoffentlich erinnerst.
Demnach verstehen die Golfer unter **Tee-Time** die **Abschlagzeit auf einer der 18 Abschlagsflächen**, meistens von Tee No 1.
Übrigens, das Wörtchen Tee hat noch eine andere Bedeutung. Doch darüber später mehr.
Halt, meine Tee-Time ist auch 9.00 Uhr, aber von Tee No 6.

Mir wurde gesagt, es gibt einen **CANNONSTART**.

Ha, Ha. Du machst Witze, was?

Nein, einen **Kanonenstart** gibt es beim Golfen wirklich. Wenn das Teilnehmerfeld eines Golfturniers sehr groß ist, dann wird auf allen 18 Abschlägen zur selben Zeit gestartet. Man geht dann zum nächsten Loch usw. bis man eine Runde gespielt hat.
Das einheitliche Startsignal wird akustisch gegeben, so dass es alle hören können: Startschuss oder eine Sirene oder ähnliches. Früher in ganz alten Tagen hat man auf der Insel vielleicht wirklich mit einer Kanone geschossen, wie ein Ehrensalut.

VOCABULARY

ENGLISH	DEUTSCH
Driving Range	Übungsplatz
Green Fee	Golfplatzgebühren
Range Fee	Gebühren für die Driving Range
Chip/Token	Metallmarke für den Ballautomaten
Tee-Time	Startzeit auf dem Abschlag
Cannonstart	Kanonenstart
Golfcourse	Der Golfplatz
Buggy	E-Auto, E-Cart für Golfplätze
Sunset Tarif	Reduzierte Gebühren ab Nachmittag
Club	Golfschläger
Clubhouse	Klubhaus

Extra: REDEWENDUNGEN / PHRASES

What can I do for you?	*Was kann ich für euch/dich tun?*
I´d like playing golf.	*Ich möchte gerne Golf spielen.*
Can I practise on the range?	*Kann ich auf der Range üben?*
What does the greenfee cost?	*Wie teuer ist die Platzgebühr?*
I´d like booking a tee-time.	*Ich möchte eine Startzeit buchen.*
When does the tournament start?	*Wann beginnt das Turnier?*
Can I hire some clubs?	*Kann ich einige Schläger ausleihen?*
How much is it?	*Wie viel kostet es?*
are they?	*Wie viel kosten diese?*

15

GOLF-AUSRÜSTUNG * EQUIPMENT

So bezeichnen die Golfer ihre Golfausrüstung: Equipment.
Bevor wir auf die Driving Range zum Erwärmen und zum Einschlagen gehen, überprüfen wir noch einmal, ob wir alles dabeihaben, was man so zum Golfspiel benötigt. Beginnen wir mit dem …

TROLLEY

Trolley, Trolls???
Sind das nicht die kleinen
Kobolde aus Norwegen?

Die Trolls ja, aber nicht der Trolley.
Dieser ist der **kleine zweirädrige Wagen,** auch Caddy genannt, mit dem du dein Bag ziehen kannst.

Am INFO-Brett steht etwas von **CART** ausleihen. Prompt springt Alf darauf an:

Na bitte, da kann ich ja losrasen, wie auf
unserer Cartbahn. Hier auf dem Golfplatz ist
das bestimmt noch cooler.

Nun mal langsam, du irrst. Cart ist hier nicht die kleine Rennmaschine, sondern ein recht **langsamer Elektrowagen, ein Buggy** also, wie wir bereits erklärt haben. Er ist etwas für Golfer, die nicht so gut zu Fuß sind. Außerdem ist er viel zu teuer für Kids, Schade.

16

BAG

Meine Schultasche? Wozu denn das?
Das erinnert mich an Hausaufgaben, die ich noch
nicht gemacht habe.

Nicht doch, nicht school bag, sondern hier geht´s um

das Golf Bag = **die Golftasche.**

Die brauchst du, um
deine Clubs zu verstauen.
Ach ja, Clubs – das sind doch die Golfschläger. Oder?
Genau!

Okay, hier eine kleine „Schlägerkunde":
Die Golfer benutzen für lange Schläge besonders gern die …

WOODS

Bei Woods fallen mir doch glatt Bäume,
Wälder ein. Oder heißt jetzt gar ein Schläger
nach Tiger Woods?

Nein, mit Woods bezeichnet man die so genannten

Holzschläger, die Hölzer,

die man überwiegend beim Abschlag verwendet.
Ganz früher bestanden diese großen Schlägerköpfe
tatsächlich aus Holz. Heute sind diese Schläger
aus Metall und anderen Hightech-Produkten.
Der Name ist aber geblieben.

IRON

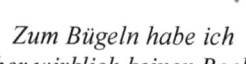

*Zum Bügeln habe ich
nun aber wirklich keinen Bock.
Und was hat überhaupt das Bügeleisen mit Golf zu tun?*

Eigentlich nichts, nur, dass „iron" neben Bügeleisen vor allem **Eisen**
bedeutet. Im Golfsport meint man damit die **Eisenschläger.**
Das sind die Golfschläger mit den
kleineren Schlägerköpfen, die z.B. mit den
Zahlen 3 bis 9 gekennzeichnet sind.

Oder mit SW, wie …

SAND WEDGE oder PW, wie … ……

*Halt, halt, halt, nicht so viel auf einmal.
Zunächst kommt ein riesiger Appetit auf.
Das hört sich lecker an, very British, mmmmh ….*

Typisch Jungs, denken immer nur an das eine und stehen mit der
Rechtschreibung auf Kriegsfuß. Was du meinst, das ist ein ***Sandwich,***
eckig, weiß, etwas pampig.
Hier handelt es sich um den **Spezialschläger,
der vor allem im Sandbunker benutzt wird.**
       to wedge = einkeilen; keilförmig.
Der Schläger wird schräg unter dem Ball
durch den Sand geschlagen.
Der Ball wird praktisch vom Sand verdrängt.

18

Und wie war das mit dem anderen Schläger?
PW, wie ....

PITCHING WEDGE

*Wedge - keilförmig? Na klar, so sind doch die
tollen Jungs mit dem breiten Kreuz vom American
Football oder vom Baseball.*

Typisch Mädchen, die denken auch immer nur an den
einen. Obwohl, so falsch liegst du gar nicht. Du hast die
Werfer, die Pitcher, im Blick. In der Tat:
pitch = der Wurf, to pitch = werfen.
Pitch kann aber auch Steigung, Schräge oder Neigung heißen. Golferisch
betrachtet meint man damit einen **Schläger, mit dem der Ball in hohem
Bogen geschlagen werden kann, bedingt durch die große Neigung des
Schlägerblatts. Er sieht so ähnlich aus wie der SW.**

DRIVER

*Komm ich also doch noch zu meiner
Sause rund um den Golfplatz?*

Natürlich nicht. Bezogen auf Fahrzeuge ist der „driver" zwar ein Fahrer:
to drive = fahren. Doch beim Golfen übersetzt man es mit „treiben", also
den Ball weit treiben, weit schlagen.

**Der Driver ist in der Regel ein Holz 1,
der geeignet ist, den Ball vom Abschlag aus
weit auf die Spielbahn zu schlagen.**

PUTTER

to putter?

Das klingt amerikanisch. Bedeutet das im American Englisch nicht „herumwerkeln" bzw. „herumhantieren"? Aber das kann doch wohl hier nicht gemeint sein. Oder?

Ja, to putter ist AE. Die Briten sagen übrigens dazu „potter". Hat aber nichts mit Harry Potter zu tun. Und nein. Wir sind ja bei der Golfausrüstung und daher ist der Putter **ein Schläger zum Einlochen.**

Auch der **boom stick** (wörtlich Besenstiel) ist ein Putter und zwar der mit dem riesig-langen Schaft. Aber da ist noch etwas: Wenn dein Pro sagt, **du** bist ein guter Putter, dann meint er dich als **Spieler, der gut einlochen kann.**

HEADCOVER

Au, ja, ich könnte eine neue Kopfbedeckung gebrauchen. Nur, die gehört bestimmt nicht Golfausrüstung?!

Wie wahr, wie wahr - head = Kopf; cover = Kappe, Hülle, Bezug, Decke *Also doch eine Kopfbedeckung!* Nein, Ja, aber … *Was denn nun?* JA, aber nur, wenn du den Kopf des Golfschlägers im Sinn hast. Ein Headcover **ist nämlich die so genannte Schlägerkopfhaube.** Sie soll den Schläger vor Stoß schützen, denn wenn man die Tasche trägt oder fährt stoßen die Schläger ganz schön heftig zusammen und können beschädigt werden.

Hier 2 Beispiele: für Erwachsene für Kids

SET

Einmal am Set sein! In Hollywood! Ich würde auch eine Picture Postcard from LA schicken, Ehrenwort! Schon gut, man wird ja wohl noch träumen dürfen.

Träume nur, vielleicht davon, wie du mit deinem **Golf Set** am Set (Drehort) sein wirst. Das Golf Set ist ein **kompletter Schlägersatz,** bestehend aus max. 14 Schlägern: Hölzer und Eisenschläger und Putter. Zu einem Halben Satz oder einem Halben Set, wie es bei Golfeinsteigern üblich ist, gehören meistens 6 Golfschläger.

Übrigens, weißt du was „a set of teeth" heißt? - Gebiss.

Zur Golf-Ausrüstung zählen noch einige kleine, aber wichtige Gegenstände, zum Beispiel:

TEE

Tee? Das hatten wir doch schon. Ich mag lieber Sprite.

Erinnere dich (S. 14) das Getränk (manche mögens heiß und mit Milch, igittigitt) schreibt man so *tea.* Weiterhin haben wir gelernt, dass **das Tee beim Golfen die Abschlagsfläche** bedeutet, auch teeing-ground genannt. Daher auch der Begriff tee-time. Hier in diesem Fall geht es aber um kleine, wichtige Gegenstände der Golfausrüstung.

Gemeint ist der kleine **Holz- oder Plaststift,** auf den der Ball gelegt werden darf, aber nur beim Abschlag, sonst ist die Nutzung des Tees nicht erlaubt.

21

PITCHGABEL

Reitet die Hexe jetzt auf einer Gabel?
Oder ist ihr Besen nur so zerfleddert?

Weder noch. Erinnere dich: Pitch bedeutet Schräge/Neigung/Steigung und nicht Hexe. Klingt zwar ähnlich, doch die Hexe heißt **witch.**
Klar doch, ich hab´s wieder. Pitching Wedge, der Schläger. Alles O.K.
Der Ball, der im hohen Bogen in Richtung Fahne fliegt und unsanft auf dem Grün aufschlägt, hinterlässt ein Einschlagloch. Und um dieses zu beseitigen, schließlich lassen wir uns vom Spirit of the Game leiten, nimmt man eine so genannte Pitchgabel.
Das ist eine kleine zweizackige **Plaste- oder Holzgabel,** mit der man den Boden rings um die kleine Einschlagsstelle anhebt und wieder glättet.
Der nächste Spieler auf dem Grün hat somit keinerlei Nachteile.

MARKER

Wozu brauchen wir denn
einen Markierstift?

Einen Stift nicht, aber etwas zum Markieren schon. Denn auf dem Grün wird üblicherweise die Lage des Balles markiert, wenn dieser beim Einlochen im Wege ist. Zur Markierung der Balllage verwendet man ein kleines **Plaste- oder Metallscheibchen.**
in der Größe etwa von 1 Cent-Stück.
Danach darf er erst den Ball aufnehmen.

LAKEBALL

Tolle Idee!
Den See auf dem Golfplatz
endlich mal sinnvoll nutzen und
Wasserball zwischendurch spielen?

Okay, lake bedeutet tatsächlich See, aber alles andere ist Quatsch!
Lakeballs sind Bälle, die Golfspieler in das Wasserhindernis geschlagen
und nicht wiedergefunden haben. Am Ende der Saison werden die Seen
oder Teiche abgelassen und die versunkenen Bälle herausgenommen,
ordentlich gereinigt und verbilligt zum Kauf angeboten. Es sind also
gebrauchte aus Wasserhindernissen gefischte Golfbälle. Kapiert?

Im Zusammenhang mit Golfbällen fällt mir aber noch dieses Wort ein:

DIMPLES

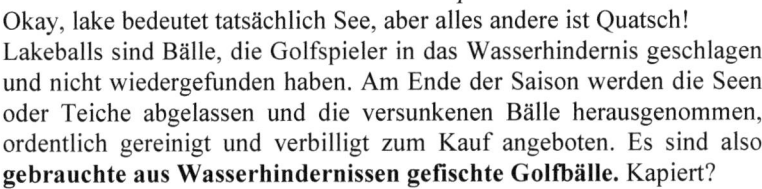

Sind das nicht die Grübchen,
die man beim Lächeln
um den Mund herum sehen kann?

Es stimmt zwar, dass dimples auch die kleinen Lach-/Schmunzelfältchen
meint, also die Grübchen. Doch wir Golfer verstehen
darunter **die kleinen Dellen/Vertiefungen auf der**
Außenschale des Golfballs. Das können
etwa 400-500 sein. Die sind verdammt wichtig
für die Flugeigenschaft des Balles.

ZUSAMMENFASSUNG / SUMMARY: Equipment

VOCABULARY

ENGLISH	DEUTSCH
equipment	Ausrüstung des Golfspielers
cart	Elektro-Wagen für Golfplätze
trolley	Wagen zum Ziehen der Tasche
bag	Golftasche
woods	Holzschläger
iron	Eisenschläger
sand wedge	Spezial-Eisenschläger für Bunker
pitching wedge	dito, für Annäherungsschläge
driver	Abschlag-Holz, Holz 1
putter	Schläger zum Einlochen
headcover	Schlägerhaube
set	Schlägersatz
tee	Stift zum Aufsetzen des Balls
pitchgabel	zum Ausbessern der Einschlaglöcher
marker	zum Markieren der Balllage
lakeballs	Fundbälle in Wasserhindernissen
dimples	Dellen auf der Ball-Außenschale

Extra: REDEWENDUNGEN / PHRASES

Where can I buy golf equipment?	*Wo kann ich Golfausrüstung kaufen?*
There are junior clubs there?	*Gibt es dort Junior-Golfschläger?*
There is a driver for kids, too?	*Gibt es auch ein Holz1 für Kids?*
This putter is too long.	*Dieser Putter ist zu lang.*
I need …	*Ich brauche ….*
I´m looking for a …	*Ich suche ein… ….*

GOLF-BEKLEIDUNG * GOLF SPORTSWEAR

Das ist ein sehr spezifisches Thema. Deshalb hier ein Spezialangebot:

**Ein kleiner Englisch-Kurs
zur Golfkleidung.**

Young golfers, let´s start, the special English- course about
golf sportswear. Listen to me and be quiet, please!

Unit 1:
Refresh

Zunächst sammeln wir Wörter der Golfbekleidung, die wir aus dem Englischen übernommen haben und nicht mehr übersetzen.

Wir gebrauchen sie fast täglich als „eingedeutschte" Wörter oder als so genannte „Anglizismen":

SPORTSWEAR ... T-SHIRT ... POLO-SHIRT ... BASECAP ...

SHORTS ... SWEATSHIRT ... GOLFWEAR ... SPIKES.

Oder Wörter, die dem Deutschen sehr ähnlich sind ...

SOCKS ... SHOES ... JACKET ... PULLOVER ... ANORAK

... und nicht extra „gepaukt" werden müssen.

Unit 2: Some special words about golf clothing/golf fashion

Fashion	**Mode**
fashionable	modisch
with fashionable elegance	mit modischer Eleganz
the latest fashion	der letzte Schrei
that's in fashion	das ist in Mode/modern
it's all the fashion to wear ...	es ist große Mode ... zu tragen
this is out of fashion	das ist aus der Mode
these clothes are old-fashioned	diese Sachen sind veraltet / altmodisch
Style	**Stil, Mode, Schnitt**
a sporting style	ein sportlicher Stil
the latest style	die neueste Mode
smartly styled trousers	elegant geschnittene Hosen
golfer-style	nach Golfer-Art
a perfect styling	eine perfekte Machart
a stylish golf wear	eine modische Golfkleidung
Design	**Entwurf, Design, entwerfen**
with a good design	mit einem guten Design
a new design	ein neuer Entwurf
a well designed golf anorak	ein gut gestalteter Golfanorak
designed by ...	entworfen von ...
highly qualified designers	hoch qualifizierte Designer
Basic material	**Ausgangsmaterial**
cloth or fabric	Stoff, Tuch
various kinds of cloth	verschiedene Stoffe
wonderful fabrics	wunderschöne Stoffe
wool or cotton	Wolle oder Baumwolle
a wollen sweater	ein Wollpullover
a cotton T-shirt	ein Baumwoll-T-shirt
with green stripes	mit grünen Streifen
striped in high quality	gestreift in hoher Qualität
made from stay-soft-leather	aus Leder gemacht, bleibt weich

Unit 3: About golf shopping and consumers

Fittings
size
try on this
it´s three sizes too large
a smaller size, please
it´s very tight
it doesn't fit me
it's fit you
Does the cap fit me?
red siuts you very well
Does the shirt suit me?
do up the zip
undo the zip

Anproben
Größe
probiere das an
es ist drei Nummern zu groß
eine kleinere Größe bitte
es ist sehr eng
es steht/past mir nicht
es steht/past dir
Passt mir die Mütze?
rot steht dir sehr gut
Steht mir das Hemd?
den Reißverschluss zumachen
den Reißverschluss aufmachen

Dress
I want to put on …
she dresses well
he loves to dress in black
Where can I undress?
you can take off/change there
I like wearing T-shirts
she prefers polo-shirts
he doesn´t like jeans

sich kleiden/anziehen
ich möchte …anziehen
sie zieht sich gut an
er kleidet sich gern in Schwarz
Wo kann ich mich aus-/umziehen?
ihr könnt euch dort ausziehen
ich trage T-Shirts gerne
sie bevorzugt Polo-Hemden
er mag keine Jeans

Consumer
How much does it cost?
it´s cheap/expensive
that´s a special offer
Where is the cash-desk?
VAT is uncluded in the price
I`ll take/buy it
I need a receipt

der Kunde
Was kostet es?
es ist billig/teuer
das ist ein Sonderangebot
Wo ist die Kasse?
die Mehrwertsteuer ist enthalten
ich nehme/kaufe es
ich benötige eine Quittung

GOLFUNTERRICHT   *   GOLF LESSONS

Mit neuen Sachen geht´s endlich zur Sache. First a short dialogue:
He: Hello, I am your Pro today.
Alf: Okay, then I am the Con!
Con? Das ist unpassend, denn hier geht es nicht um pro und kontra (con)
bzw. das Für und Wider, sondern um die informelle Abkürzung von
profession = Beruf bzw. professional = beruflich. Wir übersetzen das kurz
mit Profi. Die genaue Bezeichnung heißt eigentlich:
Teaching Pro = der unterrichtende Profi oder der Profi-Golflehrer,
nicht zu verwechseln mit dem Playing Pro, das ist der Profi-Golfspieler,
der mit Turnieren sein Geld verdient.

Let's go! Welcome to our Golf-Clinic.

Klinik?
Golf-Krankenhaus??
Bin ich falsch hier?

Nein, also: clinic bedeutet 1. Klinik und 2. klinischer Unterricht im Sinne
eines medizinischen Kurses. Insofern war deine Ahnung gar nicht so
verkehrt. **Golf-Clinic ist daher ein kurzer Golfkurs** der Gestalt, dass
der Pro einen Überblick gibt über die vielen Schläger und
Schlagvarianten. Er demonstriert, wie und warum das alles funktioniert,
zum Beispiel mit dem ...

SWING

Und zum Wohlbefinden
gehört auch das Schaukeln?
Geschaukelt habe ich schon
immer gerne. Damals.
Aber heute und hier auf der Range?

Heute verwendest du den
Begriff **Swing vor allem für Schwung, Golfschwung.**

28

Während seiner Golf-Clinic „schmiss" er uns noch viele Begriffe an den Kopf. Und drinnen im Kopf geht jetzt alles durcheinander. Es war einfach zu viel. Help! Help! Help!

Okay, versuchen wir die Verwirrung gemeinsam zu beseitigen. Erinnern wir uns also an die Worte des Pros. Er sagte z.B.

„Achte besonders auf deinen GRIP!"

*Grippe??
Wieso soll ich auf
meine Grippe achten?*

Naja, das Wort „grip" wird im AE auch für die hässliche Grippe gebraucht.

Aber das Wort „grip" kommt eigentlich aus dem Englischen und bedeutet **Griff**: 1. der Griff als oberer Teil des Schlägers; 2. der Händegriff zum Erfassen des Schlägers und 3. Greifen, to grip.

Übrigens, die Grippe heißt auf Englisch influenza oder kurz flu.

„Und nun wenden wir uns dem STROKE zu".

*Jetzt wird's endlich spannend,
wie bei dem Herrn der Ringe.
Was hatte der für einen
harten Hieb mit seinem Schwert!*

Sachte, sachte, nicht so stürmisch.

Stroke kann allerdings Hieb bedeuten, wie in deinem Falle (a stroke of sword) ein Schwerthieb.

Da der Golfer aber kein Schwert trägt, sondern mit dem Schläger zuschlägt und zwar auf den Ball und nicht auf den Mann, versteht der Golfer unter **stroke einen Golfschlag.**

Auch der Schlag beim Tennis oder Cricket oder der Stoß beim Billard heißt stroke.

„Kommen wir nun zu den GRUNDSCHLÄGEN des Golfsports".

Der **PUTT**

Na das ist doch klar.
Das klingt wie die bekannte
Stellung beim Schach: Patt.
Spielen wir jetzt etwa Rasenschach?

Ja und Nein. Ja: Beides spricht man mit einem „a".
Nein: Nix mit Rasenschach. Der Putt beim Golfen
ist der **Schlag zum Einlochen des Balles.**
to putt = einlochen; putten
und zur Wiederholung: the putter = der Putter (Schläger)
bzw. der Spieler, der einlocht.

Der **CHIP**

Meine Gedanken
fliegen hin
zur Mikroelektronik.
Da gibt's die Micro Chips.
Passt sicherlich nicht hierher.

Dann sind Chips die kleinen Münzen für den Ballautomaten auf der
Driving Rang. Aber auch Pommes. Nun sehe ich gar nicht mehr durch.
Drei Mal Chip und noch immer nicht das gefunden, was der Pro uns
gezeigt hat. Also muss es noch eine vierte Bedeutung geben.

So ist es, der Chip ist ein
Annäherungsschlag
auf das Grün,
wobei der Ball
wenig und nur flach fliegt,
dafür lang auf dem Grün ausrollt.

Chip - etwas anschlagen/wegschlagen

Der **PITCH**

Halt, sag nichts.
Mir dämmert`s.
Da war doch was.
Pitch = werfen,
Pitcher = der Werfer (der tolle Mann vom Am. Football),
Pitching Wedge = Spezialschläger für Annäherungen,
Pitchgabel = zum Beheben der Einschlaglöcher,
Bitch = die Zicke, das Luder, passt aber nicht hierher.

Fantastisches Gedächtnis!
Ergänzen wir nur noch folgendes:
the pitch = der Wurf oder die Steigung/Neige/Schräge
to pitch = im hohen Bogen werfen oder etwas schlagen
Daraus folgt: **Der Pitch beim Golfen ist ein Schlag,**
bei dem der Ball nicht weit, sondern in hohem
Bogen fliegt.
Ein weiterer Annäherungsschlag auf das Grün.

Der **DRIVE**

McDrive?
Prima, wird auch Zeit,
dass wir eine
Pause einlegen.
Oder liege ich etwa wieder falsch?

Genau, das tust du. Und kannst dir nichts merken.

Wir hatten schon kennen gelernt:
* to drive = treiben, schlagen, also
         den Golfball weit schlagen,
* the driver = Holzschläger Nr. 1.

Wenn der Pro sagt, jetzt üben wir den Drive,
dann meint er den **Abschlag**.

31

Weitere SCHLAGBEZEICHNUNGEN

Okay Kids, nach euren ersten Übungsschlägen habt ihr gemerkt, dass die Bälle nicht immer schön geradeaus fliegen. Auch für diese Schläge gibt es spezielle Bezeichnungen, zum Beispiel ...

DRAW

Zieh oder stirb, Cowboy!

Okay, okay, es reicht. Ich merke, die Fantasie geht wieder mit euch durch. Wir versuchen es mal anders herum. Ich beschreibe euch die charakteristische Flugbahn des Balles, ihr schließt die Augen und versucht euch den Ballflug vorzustellen. Wir fangen noch einmal an.

Der Draw ist ein Schlag, bei dem der Ball mit einer leichten Flugkurve zunächst nach **rechts startet und dann nach links abdreht,** um nahe am Zielpunkt zu landen.

Words:
    to draw = zeichnen; ziehen; verziehen
    etwa den Ball verziehen oder den Ball auf einer
    leichten Kurve „ziehen", bewegen
                        Und weiter geht´s:

FADE

Der Fade ist ein Schlag, bei dem der Ball mit einer kleinen Flugkurve zunächst nach **links startet und dann nach rechts abdreht,** um nahe am Zielpunkt zu landen. Also genau umgekehrt.

Words:
    to fade = verblassen; verschießen; schwächer
                        werden; in etwas übergehen
Überlegt mal selber, was zum Golfen passen könnte.

HOOK

Der Hook ist ein Schlag, bei dem der Ball meistens gerade startet und dann in einer **starken Linkskurve abdreht und weit links** vom Ziel landet.

Words:

- the hook
    * der Haken (siehe auch Captain Hook und Peter Pan)
    * die gekrümmte Landzunge

- to hook
    * etwas festhaken, eine Tür zum Beispiel
    * um etwas schlingen, z. B. die Beine um das Kletterseil
    * etwas angeln
    * hakeln, einen Haken schlagen, z. B. beim Rennen
    * einen Haken geben, z. B. beim Boxen
    * dem Ball einen Linksdrall geben

SLICE

Der Slice ist ein Schlag, bei dem der Ball meistens gerade startet und dann in einer **starken Rechtskurve abdreht und weit rechts vom Ziel** landet.

Words:

- the slice
    * Scheibe, Schnitte
    * Portion (Glück), Stück (Land)
    * ein angeschnittener Ball, ein Ball mit viel Schnitt

- to slice
    * schneiden, durchschneiden, z. B. Papier, Stoff
    * schneiden, z. B. den Ball schneiden (Tennis, Tischtennis)

PULL

Ein Schlag, bei dem der Ball auf **gerader Flugbahn nach links startet und auch links vom Ziel** landet.

Words:

- ➢ the pull
  * der Ruck, das Ziehen
  * Anstieg, Beziehung
  * auch: Zug, z. B. Klingelzug: bell pull

- ➢ to pull
  * ziehen: pull the door
  * zerreißen
  * herausziehen, vorbeiziehen
   * verziehen: auf die Schlaghand entgegen gesetzte Seite schlagen, wie beim Cricket, Baseball und GOLF

PUSH

Ein Schlag, bei dem der Ball auf **gerader Flugbahn nach rechts startet und auch rechts vom Ziel** landet.

Words:

- ➢ the push
  * der Stoß, der Schubs
  * die Kampagne, die Aktion
- ➢ to push
  * schieben, stoßen, schubsen, drücken: push the door
  * drängen, drängeln
  * antreiben, treiben, vorbei treiben
   Beim Push wird der Ball rechts am Ziel „vorbei getrieben".

Girls and Boys, das war nicht schlecht, obwohl ihr beim Augenzumachen ganz schön geschummelt habt.

Weiter geht's mit einigen Vokabeln rund um das GOLFTRAINING.

„Achtet auf den BACKSPIN“.

Ein schöner Rücken kann auch ...

Ich glaube, die hat was mit den Jungs. Zur Hälfte hast du allerdings Recht. „back“ bedeutet tatsächlich „Rücken“, aber auch „zurück“.
Unter „spin“ versteht man die Drehung, den Dreh oder den Drall/Effet.
Mit „to spin“ meint man vor allem drehen, rotieren oder dem Ball einen Drall/Effet geben.
   Ich denke, jetzt wird's klarer: Backspin beim Golfen, das ist der **Rückwärtsdrall des Balles,** oft zu sehen, wenn der Ball auf dem Grün landet und dann ruckartig zurück ausrollt.

„Mit dem vierten SHOT auf's Grün“.

Der Schuss war daneben, ha, ha!

Er kann's nicht lassen.
Wieso, dieses Mal liege ich doch richtig, „shot“ heißt doch: er schoss und ist die simple past form bzw. past participle form von to shoot = schießen.

Wow, da hast du aber im Englischunterricht gut aufgepasst. Den Rest ergänze ich: the shot = der Schuss, der Schütze. Weiterhin: Impfung oder Spritze. Passt nicht zum Golfen. Aber dieses hier: Wurf, Schlag, Stoß (put the shot Kugelstoßen).
Fazit: Mit dem 4. Shot = dem 4. Schlag war er auf dem Grün.

35

„Das war **getoppt**".

Das Wort ist abgeleitet von **TOP**

*Wusste ich's doch.
Golf und Mode –
das passt!*

Nun ja, so falsch liegst du gar nicht. In der Mode ist zwar Top ein Oberteil, abgeleitet von Top = Spitze, oberer Teil.

Wenn der Pro aber sagt, du hast den Ball „getoppt", dann bedeutet das nichts anderes als **getroffen am oberen Teil des Balles.**

Deine Tops kannst du heute und hier vergessen, setze sie auf die Shoppingliste.

„Und nun denke an den **SWEET SPOT**"

*Oh, gerne. Ich mag
süße Lollis. Lecker.*

Naschkatze!

Als Sweet Spot bezeichnet man die **Treff-Stelle des Golfballes auf dem Schlägerblatt, die optimal ist für die Übertragung der größten Schlagkraft auf den Ball.** Meistens ist das die Mitte. Man soll also mittig treffen.

Spot = Stelle, Punkt, Fleck.

Warum aber „sweet"? Vielleicht weil man „sauer" ist, wenn man nicht mittig trifft und der Ball sonst wo hinfliegt. Dagegen hat man ein sehr beglückendes Gefühl (wie beim Schokolade-Naschen), wenn der Ball dorthin fliegt, wo ich ihn hinhaben wollte. Vielleicht, was denkst du?

„Vorsicht vor **SOCKETS**!"

Ich glaube, du läufst in die Irre. Bestimmt hast du „sock" vor Augen.
Das bedeutet allerdings Schlag mit der Faust (aufs Auge).
  Vielleicht kommt dir das auch bekannt vor:
socket = Steckdose oder auch Sockel (der untere Teil von etwas).

Dein Pro meint aber mit Socket einen Schlag, bei dem **der Ball mit der
unteren Kante des Schlägerkopfes getroffen wird.** Diese Querschläger
können ganz gefährlich sein.

„Konzentriere dich. **SQUARE** zum Ziel, bitte".

*Da fällt mir ein, eins
unserer Ziele in
London war der
Trafalgar Square.*

Super! Square ist der Platz, aber noch viel mehr:
  * Karo   * Feld auf dem Schachbrett   * Quadrat, quadratisch; etwas
  quadratisch machen * Viereck, viereckig; etwas viereckig/vierkantig
  machen oder auch ...
  * Winkel, rechtwinklig; etwas rechtwinklig machen

Jetzt dürfte der Bezug zum Golf klarwerden.
Der Pro meinte, wir sollen **den Schlägerkopf mit der Vorderkante
rechtwinklig, also square,** zum Ziel hinter den Ball ausgerichtet
aufsetzen.

„Probiere es mal mit dem **WAGGLE**".

*Wozu brauche ich denn
jetzt 'nen Wackelhund?*

Nicht der Hund, **du** sollst wackeln. *Häh???*
Dein Denkansatz war so falsch nicht, du musst es nur auf dich beziehen.
Also: to waggle meint wackeln, wippen, wedeln. *Wedeln? Etwa mit ...*
Quatsch! Beim Golfen ist dies die **kleine Einpendelbewegung des Schlägers** beim Ansprechen des Balles. Das Ansetzen und „Wackeln" des Schlägers dient zur Lockerung der Muskulatur oder als Ritual, um einen leichteren und besseren Durchschwung zu erreichen.

„Auf den **TAKE-AWAY** konzentrieren!"

*Darauf muss ich mich
nicht konzentrieren, das
habe ich fest im Blick.
Sobald hier Schluss ist
fahre ich da hin und
nehme mir 'ne große Portion mit.*

Vorher nimmst du aber noch dieses mit:
"take away" bedeutet verringern, beeinträchtigen; in Mathe auch: abziehen bzw. weniger. Außerdem: wegnehmen, wegbringen, mitnehmen (Pommes zum Mitnehmen = Chips to take away). *Daher also.*

Die Golfer bezeichnen als Take-Away **den Beginn des Rückschwungs**.
Rückschwung? Swing hatten wir schon, back auch.

Dann ist **BACKSWING** der Rückschwung beim Golfschlag.
Ist doch logisch, oder?

„Rechtzeitig an den **RELEAS** denken!"

*An die Befreiung
soll ich denken???
Häh?*

Natürlich nicht an diese! Gut, gehen wir der Reihe nach: Release hat als
Verb und als Substantiv vielfache Bedeutungen:
  * freilassen und Freilassung   * befreien und Befreiung
  * erlösen und Erlösung   * loslassen und lösen
  * herausbringen und Herausbringung   * aufgeben und Aufgabe
  * verzichten und Verzicht
**Zum Golfen passt am besten aufgeben oder loslassen/lösen
und zwar den Winkel im Handgelenk.** Beim Abschlag zum Beispiel
sollst du ja die Handgelenke so richtig zum Einsatz bringen, indem du sie
zuerst beim Rückschwung stark anwinkelst, um dann beim Abschwung
die Handgelenke kurz vor dem Treffmoment wieder zu entwinkeln.
Dieses **Entwinkeln** bedeutet also, den Winkel im Handgelenk wieder zu
öffnen, aufzugeben, zu lösen. Dadurch erzeugt man die Power.

„Das ist too **FAT**!"

*Ich bin zu fett?
Pro, ich muss
doch sehr bitten!*

Um Gottes willen, du doch nicht. Und die da oben
ist eigentlich auch nicht gemeint, obwohl …

Lassen wir das, du hast lediglich **den Ball zu tief oder wie der Golfer
sagt, zu fett getroffen.** Dabei fliegt meistens ein „fetter" Rasenfetzen mit
heraus. Dieses zu viel an Boden bedingt, dass der Ball nicht die
gewünschte Weite erreicht. Sorry, again.

„Das war ein **LATE HIT**.“

Sein letzter Hit
war wirklich cool!

Hallo! Wir sind beim Goooolfen. Nicht träumen!

Ein Hit ist nicht nur …
    * ein Knüller   * ein Erfolg   * ein Treffer   * oder eine Spitze,
sondern auch **ein Schlag.**

Ein Late Hit ist ein „verspäteter Schlag“, bei dem der Ball nicht im richtigen Winkel getroffen wird, weil man die Bewegungsabläufe von Rückschwung und Abschwung falsch getimed hat.

Zur Ergänzung: to hit = schlagen (jemanden) * stoßen (Kopf)
                              * treffen (Ziel) * erreichen (Ort)

„Ein super **FINISH**, gut gemacht“.

Super schnell,
wie bei Formel 1,
*   stimmt's?*
Aber sicherlich ist
das wieder einmal
nicht gemeint.

Genau.
    Die **Endposition nach dem Durchschwung** ist hiermit gemeint.
Viele Golfer verharren bewusst lange in dieser Position, um den herrlichen Schlag zu genießen oder um Rückschlüsse auf die Technik zu finden.

„Achte unbedingt auf den **BREAK**".

Ich achte immer auf
meine Bremsen.
Dürfen wir vielleicht doch
noch mit dem Cart losbrausen?

Dürft ihr nicht. Erst ab 16. Zudem sind wir jetzt beim Putten und da gibt es keine „Bremse", die heißt außerdem „brake". Ja, ja, die Rechtschreibung!
Und unser „break" bedeutet etwas anderes:
a break: Bruch, Pause, Unterbrechung, Lücke, Spalte, Riss, Wende, Umschwung
to break: brechen, zerbrechen, zerreißen, durchbrechen, wegbrechen, kaputtmachen, (ein Ball) wegspringen, wegrollen
In unserem Sinne ist der **Break eine Abweichung der geraden Puttlinie durch ein Gefälle auf dem Grün zwischen der Lage des Balles und dem Loch**. Ab einem bestimmten Punkt – dem Breakpunkt – „bricht" **der Ball weg von der geraden Linie** und rollt entsprechend des Neigungsgefälles bogenförmig in Richtung Loch.

„Okay, das war´s. Nächstes Mal machen wir **RECOVERY-**Übungen".

Was denn, etwa einen
Erste-Hilfe-Kurs?
Wiederbelebung?
Von Mund zu Mund etwa?
Aber nein, wir wollen Recovery-Schläge üben.
Recovery kann vieles bedeuten = Rückgewinnung, Bergung, Wiederherstellung und eben auch Wiederbelebung usw.
Recovery-Schläge sind **spezielle Schläge aus dem hohen Gras oder aus dem Wald heraus zurück auf die Spielbahn**.
Auch Trouble-Schläge genannt, weil sie uns Probleme bereiten. Das Training macht aber Spaß, wetten dass …

41

VOCABULARY

ENGLISH	DEUTSCH
Pro	Golfprofi, Golflehrer
golf-clinic	kurzer Golfkurs, Golf-Demo
swing	Golfschwung
grip	Golfgriff, greifen
stroke	Golfschlag
putt	Schlag zum Einlochen
to putt	einlochen
putter	Spieler, der einlocht bzw. Schläger zum Einlochen
chip	flacher Annäherungsschlag
pitch	hoher Annäherungsschlag
drive	Abschlag
driver	Abschlagholz
to drive	abschlagen
draw	Schlag m. Ballflug erst nach re. dann li. abdrehend
fade	Ballflug erst nach links, dann rechts
hook	Ballflug erst gerade, dann stark links
slice	Ballflug erst gerade, dann stark rechts
pull	Schlag mit Ballflug gerade nach links
push	Ballflug gerade nach rechts
backspin	Rückwärtsdrall des Balles
second shot	zweiter Schlag
„getoppt"	den Ball oben getroffen
sweet spot	optimale Treffstelle auf Schlägerblatt
square	Schlägerkopf rechtwinklig zum Ziel
waggle	Einpendelbewegung vor dem Schlag
backswing	Rückschwung
release	„Entwinkeln" der Handgelenke
too fat	zu fett, zu tief in Boden getroffen
break	Puttlinie „bricht weg "Richtung Gefälle
recovery	Schlag aus hohem Gras/Wald zurück auf Spielbahn

REDEWENDUNGEN

Can I have some golf lessons?	*Kann ich einige Golfstunden nehmen?*
May I take part in …?	*Darf ich teilnehmen an …?*
Where does it take place?	*Wo findet es statt?*
Our golf academy is near …	*Unsere Golfschule befindet sich nahe …*
We are going to do with …	*Wir werden uns beschäftigen mit …*
Have you ever played golf?	*Hast du schon einmal Golf gespielt?*
No, I have never done it.	*Nein, ich habe es noch nie gemacht.*
Yes, I tried it last summer.	*Ja, ich probierte es letzten Sommer.*
I´ll demonstrate you some strokes.	*Ich werde euch einige Schläge demonstrieren.*
Can you show it again?	*Können Sie es noch einmal zeigen?*
I didn´t understand that.	*Ich habe das nicht verstanden.*
Would you like to explain it again, please?	*Würden Sie es bitte noch einmal erklären?*
Watch my hand now.	*Beobachte jetzt meine Hand.*
Pay attention to …	*Achte auf …*
Be careful with …	*Sei vorsichtig mit …*
You have to …	*Du musst/Ihr müsst …*
You should …	*Du solltest/Ihr solltet …*
Try it so …	*Versuche es so …*
Could you …?	*Könnten Sie/Könntest du …?*
Not so fast!	*Nicht so schnell!*
That´s too slow.	*Das ist zu langsam.*
That´s very difficult.	*Das ist sehr schwierig.*
Be relaxed.	*Sei entspannt/locker.*
Stay in this position.	*Bleibe in dieser Position.*
Repeat it twice.	*Wiederhole es zwei Mal.*
Practise that ten times.	*Übe es 10 Mal.*
Thank´s for your great help.	*Danke für Ihre großartige Hilfe.*
You are welcome.	*Gern geschehen.*
It was a wonderful event.	*Es war ein wunderschönes Erlebnis.*
We liked the lessons very much.	*Der Unterricht hat uns sehr gefallen.*
I hope you´ll continue golfing.	*Ich hoffe, ihr werdet Golfen fortsetzen.*
Enquire in the golf-club-house.	*Fragt im Golfclubhaus nach.*

ÜBUNGS- UND TRAININGSSTÄTTE
* PRACTICE AND TRAINING AREA

Gleich am Anfang des Buches hatten wir drei Vokabeln gelernt, die zum Übungs- und Trainingsplatz der Golfer zu zählen sind.

Also, Augen zu und erinnern: **Close your eyes and remember.**
Könnt ihr euch erinnern? **Can you remember?**
No? Then go back to page 11, please.

Jetzt kommt der AHA-Effekt. Habe ich doch gewusst, eh!
I knew it! I knew it!
So und nun diese Worte (driving range, green fee, range fee) im Gedächtnis für immer speichern.
Save these words in your mind now.

Und Konzentration bitte für einige neue Vokabeln:
Concentration on some new words, please.
Zunächst schauen wir uns aber die gesamte Driving Range an.

First, we have a view of the whole driving range:

Der Übungs- und Trainingsplatz der Golfer

It consists of following parts:

PUTTING GREEN

Only putting is allowed here. No chipping, no pitching here!

CHIPPING GREEN

You can practise chipping there.

PITCHING GREEN

You train the pitch here.

DRIVING AREA

The place for long drives.

GREEN BUNKER

Playing in sand. A bunker around the green.

FAIRWAY BUNKER

A bunker near the fairway.

DRIVING HUTS – ABSCHLAGHÜTTEN

Drives during rainy days.
It is also good for the girls' hair.

FITNESSFIELD – ÜBUNGS-/SPIELWIESE

A field for warming up, e.g. ball games.

BALLMACHINE – BALLAUTOMAT

Before starting you need balls, range balls. You get the balls here.
But you need a token.

RANGEBALLS – ÜBUNGSBÄLLE
nur für die Driving Range

Balls, balls, balls. For the driving range only.

The final actions on the range: Using

CLUB WASHER and BIN

The club washer: clean the clubs, then go on the course.

The bin: waste into the bin, not in the wood!
We prefer clean sports fields.

ZUSAMMENFASSUNG / SUMMARY: Driving Range

VOCABULARY

ENGLISH	DEUTSCH
driving range	Übungs-/Trainingsplatz der Golfer
drive	(den Ball) treiben, weit schlagen
range	Reichweite/Schussweite/Aktionsradius
parts of the range	Teile der Driving Range
putting green	Übungsgrün, Putting-Grün
chipping field	Übungs-Chipping-Feld
pitching range	Übungs-Pitchingplatz
driving area	Abschlagszone
green bunker	Grünbunker
fairway bunker	Fairwaybunker
driving huts	Abschlaghütten
fitness field	Fitness-Wiese
ballmachine	Ballautomat
token	Münze für den Ballautomaten
range balls	Rangebälle
bin	Papierkorb/Abfallbehälter
club washer	Schlägerwäscher

extra: PHRASES / REDEWENDUNGEN

What can we practise here?	Was können wir hier üben?
You can train drives, pitches …	Du kannst Abschläge…trainieren.
Let´s train for the tournament.	Wir wollen für das Turnier trainieren.
Do following golf practice now.	Macht jetzt folgende Golfübung.
Concentrate on the golf swing.	Konzentriere dich auf den Golfschwung.
Train these exercises at home.	Trainiert diese Übungen zuhause.
There are good training facilities.	Es gibt gute Trainingsmöglichk.
He goes to training every week.	Er geht jede Woche zum Training.
A 2-hour training session.	Ein 2-stündiges Training.
By regular practice …	Durch regelmäßiges Üben …
Practice-time from … till…	Trainingszeit von …bis …

DER GOLFPLATZ * THE GOLF COURSE

Endlich ist es so weit.
Wir können auf dem richtigen Golfplatz spielen.
Natürlich haben wir inzwischen die PE, die Platzerlaubnis.

Let´s play. Stop, first have a look at the map of a golf course.

Ein Golfplatz hat gewöhnlich 18 Spielbahnen,
verkürzt auch einfach "Löcher" genannt.
Die ersten 9 Löcher werden oft als
Front Nine bezeichnet, wenn
man vom Klubhaus wegspielt.

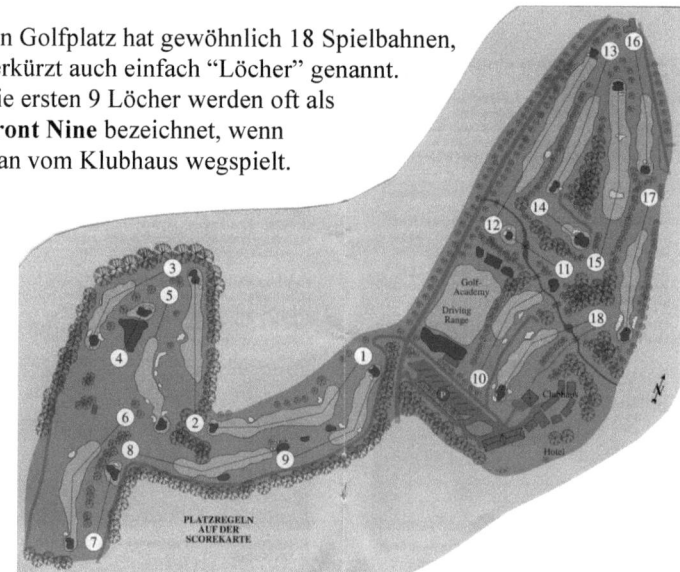

Die zweiten 9 Löcher heißen **Back Nine,** man spielt jetzt wieder zurück
in Richtung Klubhaus.

*It´s very
interesting.*

*You are right.
A great course.
And we will play golf there?*

Yes, of course!

Here a view over a hole:

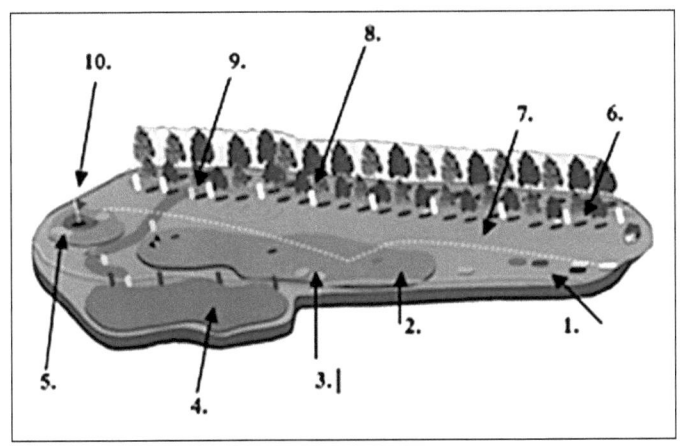

1. Tees or Teeing Area/Ground
2. Fairway
3. Fairway Bunker
4. Lateral Water Hazard
   (red posts)
5. Green Bunker
6. Rough
7. Semi-Rough
8. Out of Bounds
   (white posts or stakes)
9. Frontal Water Hazard
   (yellow posts)
10. Green with Flag and Hole

And what does it mean?
I can't understand all!

What does it mean? Was das bedeutet? Klären wir es auf:
Let´s go on a „golf sightseeing tour" along a hole.

Okay, kids, are you ready?
We´ll explain the parts of golf course,
one by one.

TEEING AREA/GROUND or TEE –
die ABSCHLAGSFLÄCHE

Short comment:

1. It´s an area where golfers play first stroke of any given hole.

2. ... is two club lengths in deep.

3. The ball must be played between the two markers that define the teeing ground's wide. The golfer can stand outside.

Words:

➢ an area	eine Fläche
➢ 2 club lengths in the deep	2 Schlägerlängen in die Tiefe
➢ it must be played	er/es muss gespielt werden
➢ between the 2 markers	zwischen den 2 Markierungen
➢ wide	Breite/Weite

FAIRWAY –

die (eigentliche) SPIELBAHN

Short comment:

1. The fairway is the shortly mown area that usually runs in between the tee ground and green of a golf hole.

2. It is the target for golfers on all holes
(other than par-3s where you take aim at the green).

3. Fairway grass is usually cut at a height from 3/8 of an inch to a half-inch.

Words:

> to mow, mowed, mown   mähen

> shortly mown   kurz gemäht

> the target   das Ziel

> take aim at   zielen auf

> is usually cut   wird gewöhnlich geschnitten

> an inch   ein Inch, altes engl. Längenmaß
= 2,54 cm

ROUGH –

NICHT GEMÄHTES GRAS, hochstehend,

wo man oft lange suchen muss und ihn doch nicht findet

Short comment:

1. The areas outside of fairways that generally features higher, thicker grass.

2. It is naturally growing vegetation (unkept and unmowed).

3. It is often found around bunkers and greens in addition to fairways.

Words:

➤ area that generally features	Fläche, die im Allgemeinen gekennzeichnet ist durch …
➤ high, higher	hoch, höher
➤ thick, thicker	dicht/dick, dichter/dicker
➤ to grow, grew, grown	wachsen, anbauen
➤ unkept and unmowed	unberührt und ungemäht

SEMI-ROUGH –

das HALBHOHE GRAS

Short comment:

1. Semi-rough is also called "first cut of rough".

2. It is higher than the fairway but lower than the rough.

3. The length of cut is about 30 – 50 mm.

Words:

➢ it is also called …	es wird auch …genannt
➢ first cut	der erste Schnitt
➢ lower than …	niedriger/kürzer als …
➢ length of cut	Schnittlänge /-höhe

LATERAL WATER HAZARD –

SEITLICHES WASSERHINDERNIS

Short comment:

1. In general: A water hazard can be: a pond, lake, river, stream, sea, bay, ocean or any other open water on the course, including ditches and drainage ditches.

2. The lateral water hazard runs **along the side** of the playing area, not across it.

3. It is defined by **red** stakes or lines.

Words:

> it runs along the side …   es verläuft entlang der Seite
> to drop behind   droppen hinter ...
> the option to drop   die Möglichkeit zu droppen
> it does not exist   es/sie existiert nicht; gibt es nicht

FAIRWAY BUNKER –

FAIRWAY SANDBUNKER

Short comment:

What is a bunker?
1. A bunker is a hazard, a depression that has been filled in with sand.
2. Bunkers vary greatly in size and shape and depth.
3. A fairway bunker is in fairways and alongside fairways.

Words:

➤ a depression	eine Vertiefung/Senke/Mulde
➤ that has been filled in with	die aufgefüllt worden ist mit …
➤ they vary greatly in	sie variieren stark in …
➤ size, shape, depth	Größe, Form, Tiefe

OUT OF BOUNDS –

das AUS (des Spielfeldes)

Short comment:

1. Out of bounds (OB) are those areas **outside the course** from which play is not allowed.

2. Out of bounds will be marked in some way - often by using of **white stakes** or some barrier (a fence, a wall for example).

3. If stakes are used to mark OB, then the inside of the stake is where OB begins; if a line is on the ground, then the line itself is OB.

4. A ball is out of bounds when all of it is outside the boundaries.

Words:

➤	bound; boundary	Grenze; Spielfeldgrenze
➤	it is not allowed	es ist nicht erlaubt
➤	by using of	durch Verwendung von …
➤	a fence or a wall	ein Zaun oder eine Mauer

"And now, the attack on the green!"

FRONTAL WATER HAZARD –

das FRONTALE WASSERHINDERNISS

Short comment:

1. A frontal water hazard is defined by **yellow** stakes or lines.

2. It is situated **in front of the green.**

3. The frontal water hazard "defends" the green.

Words:

➢ a pond, stream, bay	ein Teich, Bach, Bucht
➢ a ditch, drainage ditches	Graben, Entwässerungsgräben
➢ it is defined by	es ist gekennzeichnet durch
➢ it "defends" the ...	es verteidigt das ...

61

GREEN BUNKER –

der GRÜNBUNKER

Short comment:

1. A green bunker is a greenside hazard.

2. This hazard also "defends" the green.

3. The grass-covered ground bordering or within a bunker is not part of the bunker.

4. A ball is in a bunker when it lies in or any part of it touches the bunker.

Words:

➢ the grass-covered ground …   der grasbedeckte Boden…

➢ …bordering a bunker   …der an den Bunker angrenzt…

➢ a part of   ein Teil von …

➢ it lies in and touches it   es liegt innen und berührt es

Three bunkers defend the green.

THE GREEN –

das GRÜN

Short comment:

1. The culmination of a golf hole, where the flagstick and cup are located and where a golfer will putt in to end the hole.
2. Most greens are oval or oblong in shape.
3. The surface can be flat, sloped or wave-like.

Words:

> the culmination of …   der Höhepunkt/das Ende des …
> flagstick and cup   Flaggenstock und Locheinsatz
> oblong in shape   in einer rechteckigen Form
> the surface …   die Oberfläche …
> flat, sloped, wave-like   flach, geneigt, wellenförmig

Finally, have a look at Tee No 5.
That's a funny thing.
It´s a Dog-Leg
or a Blind Green.

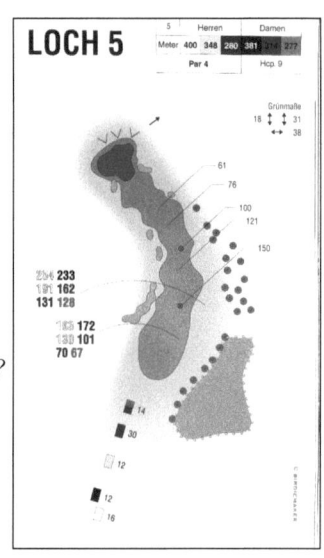

Hundebein???
Ha, ha!

Blindes Grün? Sie machen Scherze mit uns.

No, listen to me. A „Dog Leg":
Die Bahn ist **gekrümmt** wie ein Hundebein eben.
Da man das Grün vom Abschlag aus nicht sehen kann, sagen die Golfer
auch „Blind Green" dazu. You can´t see the green from the tee.

ZUSAMMENFASSUNG / SUMMARY: Golfcourse

VOCABULARY

ENGLISH	DEUTSCH
Golfcourse	Golfplatz
Fairway	Die eigentliche Spielbahn
Dog-Leg	gekrümmte Spielbahn
Blind Green	Grün ist vom Tee nicht zusehen
Tee; Teeing Ground	Abschlagfläche
Rough	Hoch gewachsenes Gras, ungeschnitten
Semi-Rough	Halbhohes Rough
Frontal Water Hazard	Frontales Wasserhindernis
Lateral Water Hazard	Seitliches Wasserhindernis
Fairway Bunker	Bunker auf der Spielbahn
Green Bunker	Bunker rund um das Grün
Green	Das Grün; Fläche um das Loch herum
Flag	Flagge
Flagstick	Flaggenstock
Hole	Das Loch
Out of Bounds	Das Aus des Spielfeldes
White Stakes/Posts	Weiße Stangen/Pfosten

extra: PHRASES / REDEWENDUNGEN

Some facts about the course	Einige Fakten über den Golfplatz
The course is about 6 km long	Der Platz ist ca. 6 km lang
It is an 18-hole course	Es ist ein 18-Loch-Platz
Are there 9-hole courses, too?	Gibt es auch 9-Loch-Plätze?
What is a „dog leg"?	Was ist ein "Dog Leg"?
Where is tee No 6?	Wo ist der Abschlag Nr. 6?
How many bunkers are there?	Wie viele Bunker gibt es?
On the left are water hazards	Links sind Wasserhindernisse
I can´t see the flag	Ich kann die Flagge nicht sehen
Your ball is out of bounds	Dein Ball ist im Aus

Okay Kids, that´s all.
Our golf sightseeing tour is over.
We hope you enjoyed the tour.
Goodbye.

Thank you very much.
I think it was very interesting.

Thank a lot!
In my opinion
that was an exciting tour.

Many thanks for your
explanations!
We have learned very much.
We wish you all the best.

66

AUF DER RUNDE   *   ON THE COURSE

1. Some terms: People on the course

Who is who? Who is playing or working on the course? The players, the golfers, of course. But we know many kinds of people who are on the golf course, for example, …

TIGER and RABBITS

Denke, es geht hier um People???

Sind wir hier im Zoo oder was?

Natürlich nicht! Mit Rabbit bezeichnet man einen Golf-Anfänger, der die Spielbahnen wie ein „Hase im Zickzackkurs" bewältigt. Also es ist mehr eine scherzhafte und keinesfalls bösartige Bezeichnung.

Mit Tiger meint man den „Golfexperten". Beliebt sind in vielen Golf Clubs die „Tiger-Rabbits-Turniere", bei dem Anfänger an der Seite eines erfahrenen Golfers in einem Flight spielen. Die „Rabbits", die Schwachen und Unerfahrenen, werden hier nicht von dem Stärkeren „gefressen", sondern der „Tiger", der auch der Erfahrene ist, gibt seine Erfahrungen weiter und hilft dem Anfänger, sich auf der Runde zurechtzufinden, was gerade anfangs nicht so einfach ist. Auch das ist Spirit of the Game. Ist doch eigentlich eine gute Sache, oder?

FLIGHT

Mal nachdenken, das hatten wir doch schon im Englischunterricht. Wie war das doch gleich? Ach ja, „flight" – der Flug.

Richtig, es kann aber auch bedeuten:
- ➢ Schar/Schwarm (bei Vögeln)
- ➢ Geschwader, Formation (bei Flugzeugen)
- ➢ zur Spitze gehören: to be in the top flight
- ➢ Höhenflug
- ➢ Treppe: he lives six flights up = er wohnt sechs Treppen hoch
- ➢ Hürde: she fell at the second flight = sie fiel bei der 2. Hürde

und schließlich
- ➢ Flucht: to take (to) flight = die Flucht ergreifen

Okay, nun denk mal nach, ob es Bezugspunkte zum Golf gibt. Zwei gibt es auf jeden Fall.

Ich hab´s: Zum einen der „Höhenflug". Auf das Golfen bezogen könnte es der „Ballflug" sein.

Super, so ist es. Jetzt brauchen wir den Bezug zu unserem Thema: People on the course.

Nicht so hastig, den habe ich ja auch: Also, unter Flight verstehen wir **Personen, die in einer Gruppe (einer Formation) gemeinsam auf die Runde gehen.**

Bingo, das ist korrekt. Gewöhnlich bilden zwei oder drei oder höchsten vier Spieler einen Flight. Scherzhaft könnten man auch meinen, sie „schwärmen aus" oder sind „auf der Flucht". Aber vor wem?

HACKER

Da fallen mir sofort die Computerfreaks ein.
Spielen die auch Golf? Dann ist man ja
auch hier nicht mehr sicher!

Nein, die spielen sicherlich nicht auf dem
Golfplatz. Deren Spielplatz ist der Computer.
Der Hacker beim Golfen
ist eine **geringschätzige**
Bezeichnung für einen
schlechten Golfspieler.
Er „hackt" mehr im Rasen,
als er den Ball trifft.

HIGH-HANDICAPPER

Golf als Therapie
für hochgradig Verletzte?

Warum eigentlich nicht. Wird viel zu wenig praktiziert.
Doch ein **High-Handicapper ist ein Golfspieler mit einem hohen**
Handicap, etwa Hcp. -37 bis -54.

HANDICAP - HUNTER

*Demnach ist der
Handicap-Hunter kein
gewöhnlicher Jäger.
Er jagt etwas anderes???*

Genau, er ist „auf Handicap-Jagd", ein „Handicap-Jäger" also.
Gemeint ist ein **Spieler, der von Wettspiel zu Wettspiel eilt, um sein Handicap zu verbessern.**

Words:
> ➢ the hunt = die Jagd
> ➢ the hunt for sth = auf etwas Jagd machen
> ➢ he goes hunting = er geht auf die Jagd

And we are going on now:

LONGHITTER

*Die kenn ich doch
vom Baseball. Es sind die
tollen Kerle, die den Ball
manchmal weit über die
Zuschauerränge schlagen.*

Oh je, woran du schon wieder denkst!
Longhitter sind in unserer Sportart **Spieler, die besonders lange/weite Abschläge machen können.**

In dieser Bezeichnung stecken die bekannten Wörter:
> ➢ the hit = der Schlag, aber auch der Treffer, der Erfolg, der Hit
> ➢ to hit = schlagen, stoßen, treffen.

70

PROETTE

*Das hat doch
Etwas mit
Verdrehungen
zu tun?*

Nein, ganz und gar nicht.
Was du meinst, ist eine Pirouette, eine rasche, mehrmalige Drehung um
die eigene Längsachse.

Passiert manchen Golfanfängern auch!

*Ha, ha! Witzig!
Darüber kann ich
jedoch nicht lachen.*

Remember, please.
We spoke about a „Pro" = Professional = Profi
Eine Proette ist daher die weibliche Form.
Wir unterscheiden zwei Arten von Pro´s oder Proetten:

1. Teaching Pro bzw. Teaching Proette:
   = Golflehrer / Golftrainer bzw. Golflehrerin / Golftrainerin,
   die uns auf der Driving Range oder auf dem Golfplatz unterrichten
   und versuchen, uns den Golfschwung beizubringen. Wir nennen sie
   kurz: Pro bzw. Proette.

2. Playing Pro bzw. Playing Proette:
   = Profi-Golfspieler bzw. die Profi-Golfspielerin, die auf
   den Profi-Touren (PGA oder US PGA) ihr Geld verdienen. Es sind also
   Berufsspieler, oft auch Tour-Pro genannt.

STARTER

I am ready.

Okay, du bist dicht dran.

Einen Startschuss gibt es meistens nicht, außer vielleicht bei einem „Kanonenstart".

Der Starter bei Golfturnieren ist jene Person, die die Flights auf der Grundlage eines Zeitplanes auf die Runde schickt.

REFEREE

Ein Pfeifenmann auf dem Golfplatz?

Nein, natürlich nicht.

Referee bedeutet zwar im Allgemeinen Schiedsrichter, z.B. beim Fußball.

Bei uns Golfern ist das die Bezeichnung für **Platzrichter,** der von der Spielleitung bestimmt wird.

Der Platzrichter hält sich gewöhnlich im Hintergrund auf. Schließlich gehen wir davon aus, dass die Golfspieler im Flight die Regeln kennen, akzeptieren und in diesem Sinne spielen.

Er ist auf dem Platz, beobachtet, achtet auf die Einhaltung der Regeln. Mit dem E-Cart ist er mobil unterwegs.

MARSHAL

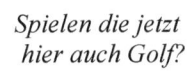

*Spielen die jetzt
hier auch Golf?*

Einige sicherlich, aber die meinen wir nicht.
Der engl. Begriff marshal (dt. Marschall) hat eine dreifache Bedeutung:
Zum einen: militärisch gesehen ist es ein hoher Offiziersgrad;
zum anderen: in den USA ist der Marshall der Bezirkspolizeichef
und schließlich im Sport: der Marshall ist der **Platzwärter, der Ordner.**
Das trifft vollinhaltlich auch auf den Golfsport zu. Auf den Golfplätzen
sind sie meistens mit dem E-Cart auf Kontrollfahrten unterwegs.
Manchmal wird dafür auch der Begriff „Ranger" angewandt, ein
Aufseher, der auf Patrouille geht und nach dem Rechten sieht.

GREENKEEPER

*Ich kenne z.B.
goalkeeper = Torhüter,
zookeeper = Tierpfleger.
Dann ist greenkeeper
ein Grünhüter?*

Ja, so ungefähr. Beim Golfen ist es der spezialisiert-ausgebildete
Platzwart, der für die gärtnerische Pflege des Golfplatzes
verantwortlich ist.

keep =

> etwas hüten, behüten, (ein)halten, versorgen, u. a. m.

> the golf course was well kept = der Golfplatz war gut gepflegt

CADDIE

So einen kräftigen Helfer könnte ich manchmal gebrauchen.

Das glaube ich schon, nur ist der Caddie eine Person, die vor allem im Profigolfsport zum Einsatz kommt.
Er ist der Helfer des Profis, indem er die Golftasche trägt, die Golfschläger reinigt und zureicht. Gute Caddies können auch beratend das Spiel unterstützen.

There are three "ups" of caddying:
- ➢ show up
- ➢ shut up
- ➢ and keep up

Und dann gibt es auch noch die

FORE CADDIES

Ein Fore Caddie ist jemand, der **vorausgeschickt** wird, um zu signalisieren, dass die Spielbahn frei ist.
Auch beobachtet er den Flug des Balles, markiert eventuell seine Lage.
Fore Caddies kommen ebenfalls nur bei Profiturnieren zum Einsatz.

2. Signs on the course

Auf den meisten Golfplätzen in Deutschland sind die Hinweisschilder in englischer Sprache verfasst. Die Golfsprache ist halt Englisch.

Versuchen wir gemeinsam herauszufinden, was ´drauf steht.

A translation practice:

Also, dann werde ich mal mit dem Übersetzen anfangen.

*Hier steht: **Zum 10. Abschlag** des Palmer Platzes! Das war ja einfach!*

Und nun ein Lochlayout:

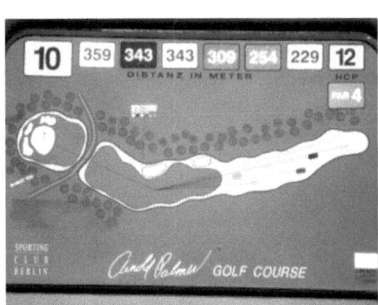

*Das hier ist schon schwieriger. Wir sind **am 10. Loch**. Die Spielbahn ist ein **Par 4** und hat **Handicap 12**, d. h. sie ist die zwölftschwierigste Bahn auf dem Arnold-Palmer-Platz. Für Jungs beträgt die **Bahnlänge** 343 m, für mich nur 309 m.*

Diesmal falle ich nicht drauf rein,
von wegen nächste Teestunde.
Natürlich heißt es: **Nächster Abschlag** *in Pfeilrichtung.*

Das Schild bedeutet:
Weiter als bis hier darf mit Elektro-Kart
nicht gefahren werden!

Überall Fahrverbote, schade!
Kart zu fahren ist zumindest genau so cool wie Golfen!

beyond = jenseits;
über ... hinaus;
weiter als ...,

76

*Mit dem Kart ist ein **Abstand von 30 „Fuß" von den Grüns zu halten!***

feet ist die Pluralform von foot, wörtlich Füße, Fuß. Hier ist ein altes engl. Längenmaß gemeint: 1 foot = 30,48 cm; 30 feet = 9,144 m. Also, rund 10 m vorm Grün müssen Karts stehen bleiben.

*Auf dem Fairway gilt:
Herausgeschlagene Rasenfetzen
unbedingt so einsetzen,
dass sie wieder anwachsen können.*

*Ball Marks sind die
Einschlaglöcher auf dem Grün,
die man mit einer Pitchgabel
ausbessern soll.*

3. Course Rating Terms

Okay, wir spielen gleich. Zuvor müssen wir aber noch wichtige Begriffe klären, die wir aus dem Englischen unübersetzt übernommen haben. Da die Inhalte teilweise schwer verständlich sind, erfolgen die Erklärungen dazu überwiegend in deutscher Sprache.

COURSE RATING

Vocabulary:
 ➢ rating = Einschätzung, Einstufung, Klassifizierung, Bewertung,

Mit dem Course-Rating-Wert (CRW) - einer Messzahl – gibt man die Schwierigkeit an, die ein Scratch-Golfer auf einer Anlage vorfindet. Ermittelt wird dieser Wert aus der effektiven Spiellänge des Platzes und anderen Erschwernisfaktoren.

Der Course-Rating-Wert wird in Schlägen angegeben, auf eine Dezimalstelle hinter dem Komma genau, z. B. CR-Wert 71,8.
Es ist die zu erwartende Schlagzahl eines Scratch-Golfers. Daher wird der CR-Wert auch **Scratch-Golfer-Wert** genannt.

Aber was ist ein Scratch-Golfer?

Vocabulary: Mindestens 3 Bedeutungen sind gebräuchlich:
 ➢ als Substantiv: scratch = ein Kratzer oder sich kratzen, z.B. the dog enjoys a scratch
 ➢ als Verb: to learn English from scratch = Englisch lernen von Anfang an oder Englisch von Grund auf erlernen
 ➢ sowie als Adjektiv: scratch = ohne Vorgabe

Letzteres findet Anwendung in der Golfsprache.

Ein Scratch-Golfer ist ein sehr guter Amateurspieler mit Handicap 0. In den USA wird ein Spieler als Scratch Golfer bezeichnet, der in der Lage ist, vom Abschlag im Durchschnitt 250 Yards zu erreichen sowie ein 470-Yard-Loch mit 2 Schlägen zu spielen. Für eine Spielerin gilt: Vom Abschlag rund 210 Yards und 2 Schläge für ein 400-Yard-Loch.

SLOPE RATING

Vocabulary: slope = …
> Neigung, Gefälle, Schräge
> Hang, Abhang
> neigen, schräg, geneigt sein
> schlendern (inf)

Der Slope-Wert drückt als Messzahl aus, um wie viel schwieriger der Golfplatz für einen Bogey-Golfer im Verhältnis zum Scratch-Golfer ist. Der Slope-Wert ist auch unter der Bezeichnung **Bogey-Golfer-Wert** bekannt.

Dieser Wert wird nicht in einer Schlagzahl angegeben, sondern als eine Art Verhältniszahl. Die Spannweite reicht von Slope 55 bis Slope 155. Allgemein kann man sagen, je höher der Slope, desto schwieriger ist der Patz für einen Bogey-Golfer zu spielen. Ein Slope-Wert von 113 gilt als Durchschnitt.

Beide Werte, der Scratch-Golfer-Wert und der Bogey-Golfer-Wert, bilden das Course Rating System.

Und was ist nun ein Bogey-Golfer?

Vocabulary:
Und wieder haben wir es mit einer Vielfachbedeutung zu tun:
bogey = Kobold, Butzeman, Schwarzer Mann;
　　　 = Schreckgespenst, Popanz;
　　　 = baby-talk: Popel (das ist ja popel-einfach, inf.)
　　　 = Bogey
Nehmen wir erneut Letzteres, dann haben wir es mit Golf zu tun:
Ein „Bogey" gespielt bedeutet 1 Schlag über Par.
Demnach ist ein **„Bogey-Golfer" ein Spieler, der auf der 18-Löcher Runde im Schnitt 1 über Par pro Loch erreicht, der also etwa 90 Schläge für den Course benötigt.**

Die Amerikaner verbinden den Bogey-Golfer wiederum mit folgenden Maßen: der Spieler/die Spielerin schlägt vom Abschlag ca. 200/150 Yards und benötigt 2 Schläge für ein 370-/280 Yard-Loch.

Mehr über den Bogey-Begriff siehe weiter hinten.

Jetzt müssen wir noch klären, was ein PAR ist.

PAR

Vocabulary:

> - at par = zum Nennwert
> - to be on a par with … = sich messen können mit …
> - below par = unter Niveau
> - to go round in six under / over par = 6 Schläge unter/über Par spielen

Unter Par versteht man die Anzahl von Schlägen, mit denen eine Bahn idealerweise zu spielen ist.

Die Festlegung dieses Standards richtet sich nach der Länge der Bahnen (in Meter).

Die Summe aller Pars ergibt das Par des Platzes.

International unterteilt man die Spielbahnen der Golfplätze in

> - Par-3-Löcher,
> - Par-4-Löcher
> - und Par-5-Löcher,

die sich durch verschiedene Längen unterscheiden.

Aber innerhalb eines Pars gibt es Bandbreiten bis zu 200 m.

Der Überblick:

PAR	Bahnlänge Herren	Bahnlänge Damen
Par 3	bis 229 m	bis 192 m
Par 4	230 bis 430 m	193 bis 366 m
Par 5	ab 431 m	ab 367 m

Auch hier weiter hinten mehr zu diesem Begriff.

4. Golf Tournaments / Competitions

Im Golfsport gibt es 80 und mehr verschiedene Spielformen. Die meisten sind in Großbritannien und in den USA entstanden. Sehr viele der englischen Bezeichnungen haben wir Deutsche einfach übernommen.

Hier eine kurze Darstellung der gebräuchlichsten englischen Begriffe für Golf-Wettspiele. Unsere Comic-Kids werden je eine Spielform vorstellen, denn es war ihre **Hausaufgabe,** in den Heimatgolfclubs nachzufragen und Informationen für ein **Kurzreferat** zu sammeln.
Let´s start. Which of you wants to begin?

Okay, I do it. I want to present …

STABLEFORD

Hierbei handelt es sich um ein **Zählspiel** nach Stableford.

Die erreichten Schläge pro Loch werden in **Punkte** umgerechnet. Beim Stableford-Spiel zählt man also die Punkte zusammen, die im Verhältnis zum Par des Loches vergeben werden. Dabei gibt es eine Brutto- und eine Netto-Wertung.

Who or what is „Stableford "?

Es war der Waliser Dr. Frank Stableford (1870-1959), der sich diese Zählart ausgedacht hat.

The first competition "to try the crazy Doctor's new system" took place at Wallasey Golf Club on 16th May 1932.
The member's enthusiasm was overwhelming and the club golfers' lot was revolutionised for ever.
Dr Stableford was made Captain of Wallasey Golf Club in 1933 and became a Life Member in 1953.
He died in April 1959.

81

I´d like speaking about …

MATCH PLAY

Das Match Play wird auch **Lochspiel** genannt.
Es ist das klassische Spiel „Mann gegen Mann",
oder „Frau gegen Frau".
Beim Match Play wird **lochweise gezählt.**
Jedes Loch wird einzeln ausgespielt.
Gewinnt ein Spieler ein Loch liegt er "eins auf",
während sein Gegenspieler folglich
"eins unter" liegt. Diese Lochergebnisse
werden nach jedem Loch gegeneinander
aufgerechnet. Das Lochspiel endet am letzten Loch bzw. an dem Loch, an
dem die Niederlage für einen der beiden Spieler nicht mehr abzuwenden
ist. So zum Beispiel bei "fünf auf drei". Dies bedeutet, ein Spieler liegt
"fünf auf", bei nur noch drei zu spielenden Löchern.

I found out something about …

BESTBALL

Bestball ist ein **Team-Wettspiel.**
In der Regel spielen 2 Zweierteams gegeneinander. Es ist aber auch
möglich, Teams mit jeweils 3 oder 4 Spielern zu bilden.

Es wird meist als Stableford-Wettspiel ausgetragen. Jeder Spieler spielt
seinen Ball. Am Ende eines jeden Loches wird jedoch **nur das beste
Ergebnis des Teams gewertet.**
Nicht übel, so kann man seine persönlichen Schwächen ganz schön
„verstecken".

TEXAS SCRAMBLE

Das ist ein sehr beliebtes Mannschaftsspiel, das man so durchführt:
Der ganze Flight spielt als Mannschaft und wird zusammen gewertet
(Brutto oder Netto). Jeder Spieler schlägt seinen eigenen Ball ab und die
Mannschaft entscheidet sich für den Ball, der am besten liegt. Dieser Ball
wird mit einem Tee markiert und alle Mannschaftsmitglieder schlagen
von dieser Stelle ihren zweiten Schlag, bis auf diese Art der Ball im Loch
ist. Cool! My favourite.

... and FLORIDA SCRAMBLE

Hier schlagen ebenfalls alle Spieler ab,
jedoch muss der Spieler, dessen Balllage
ausgewählt wurde aussetzen und darf erst
beim nächsten Ball wieder ins
Spielgeschehen eingreifen.

Nun wollt ihr bestimmt noch wissen, was „**scramble**" bedeutet:
Dieses Wort kann bedeuten:
 ➢ Kletterei
 ➢ Gerangel, Gedrängel (könnte bei 4 Spielern zutreffen)
 ➢ mischen, vermischen
   (wer denkt da nicht an scrambled eggs = Rühreier)

So richtig passt nichts zum Golfen, aber jetzt:
 ➢ **to scramble for the (best)ball = kämpfen um den (besten)
   Ball.**
Im Kern geht es um diesen best gelegenen Ball, wobei kein Gerangel
stattfindet, sondern ein ehrlicher Wettstreit um den Sieg.

Well, I like flags, so I prefer ...

FLAG COMPETITION

Das Flaggenwettspiel ist ein inoffizielles Zählspiel. Es treten in der Regel zwei oder mehr Spieler gegeneinander an, um ihr Können zu messen.

Zu Beginn des Flaggenwettspiels erhält **jeder teilnehmende Spieler eine individuelle Fahne,** die seinen Namen oder „seine" Farbe trägt.

Dann wird **sein Nettoschlag** berechnet. In der Regel nutzt man für die Berechnung des Nettoschlages zwei Zahlen: die PAR-Vorgabe des Golfplatzes und das Handicap des jeweiligen Spielers. Diese beiden Zahlen werden addiert und ergeben den Nettoschlag des Spielers.

Zum Beispiel: Der 18 Loch Platz hat ein PAR 73. Das Handicap von Spieler A beträgt 36. Damit stehen dem Spieler A 109 Schläge für die Runde zur Verfügung. Spieler B, C und D verfügen über andere Schlagzahlen, da ihre Handicaps unterschiedlich sind.

Die Spieler **stecken nach jedem Schlag ihre Fahne dort in den Boden, wo der Ball zum Liegen gekommen ist. Ist der letzte Schlag aufgebraucht, im Falle von Spieler A der 109. Schlag, wird somit auch die Fahne ein letztes Mal in den Boden gesteckt.**

Das Flaggenwettspiel gewonnen hat jener Spieler, **dessen Flagge am weitesten gekommen ist.** Auch hier wieder ein Beispiel: Spieler A hat bereits bei Loch 16 seinen Nettoschlag aufgebraucht und muss dort seine Flagge endgültig in den Boden rammen. Spieler B hat ebenfalls seinen letzten Schlag bei Loch 16 gespielt, seine Flagge steckt aber gut 20 Meter hinter der von Spieler A. Die Spieler C und D verfügen noch über Schläge und spielen weiter. Spieler C ist am Loch 17 liegengeblieben. Spieler D hat noch Schläge zur Verfügung und spielt auf Loch 18 und hat es damit geschafft, seine Fahne am weitesten nach vorne zu bringen und gewinnt somit die Runde. Die Reihenfolge wäre dann wie folgt: Gewinner: D. Zweiter: C. Dritter: A und Vierter: B.

Falls Spieler nach dem 18. Loch immer noch freie Schläge auf ihr „Konto" haben, wird mit den verbleibenden Schlägen auf Loch 1 von vorne begonnen und so lange gespielt, bis der Nettoschlag aufgebraucht ist und ein Gewinner feststeht.

It´s my turn now.
Let me speak about the ...

CHAPMAN SYSTEM

In unserem Golf Club spielt man gern den **Chapman-Vierer**. Bei diesem Spiel bilden immer zwei Golfer ein Team.
Und das funktioniert so:
 * zunächst machen beide Spieler ihren Abschlag,
 * dann spielen sie den Ball des jeweils anderen Partners weiter,
 * erst dann entscheiden sie, welchen Ball sie nun abwechselnd weiterspielen möchten,
 * der andere Ball wird aufgenommen,
 * Strafschläge beeinflussen nicht die Spielreihenfolge,
 * das Paar mit dem niedrigsten Nettoergebnis ist Sieger.

Diese Spielform ist auch bekannt als Pinehurst oder American Foursomes.

Doch woher kommt die Bezeichnung „Chapman"?

Dieses Spiel wurde nach seinem **„Erfinder" Dick Chapman** benannt.
Der Amerikaner Dick Chapman war einer der erfolgreichsten Amateur-Golfer der Welt.
Von 1946 bis 1962 nahm er ununterbrochen
- also 17 Mal – am Masters in Augusta, dem wohl größten Profi-Golfturnier der Welt, teil. Seine beste Platzierung war ein 11. Platz.
Als Amateur gewann er unzählige Amateur-Turniere in den USA, Kanada, Großbritannien, Frankreich und Italien. Im Jahre 1950 entwickelte er im Pinehurst Resort
(North Carolina, USA) das nach ihm benannte Spielsytem.
Er starb 1978.

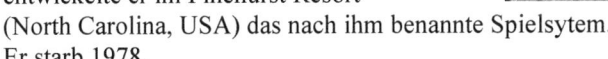

I talked to many golfers who
recommended the …

BINGO BANGO BONGO – GAME

Ein lustiges Spiel, das sehr viel Spaß macht und bei dem keine Vorgaben beachtet werden. Daher können mehr Spieler als in einem Flight üblich an den Abschlag gehen. Das Wichtigste ist, dass die in den Regeln vorgeschriebene Spielreihenfolge genau eingehalten wird.

Es werden folgende Punkte vergeben:
Ein Punkt für den Spieler, der ...

1. ... seinen Ball
   als erster auf dem Grün platziert (bingo).

2. ... der mit seinem Ball
   am nächsten zum Loch liegt,
   nachdem alle Bälle auf dem Grün
   sind (bango).

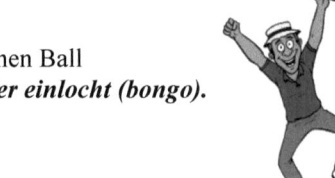

3. ... der seinen Ball
   als erster einlocht (bongo).

86

I want to finish with …

CROSS-COUNTRY-GAME

Schon die Wörter sind eindeutig:
- cross = quer
- country = Land, Landschaft, Platz

Man könnte es mit **Querfeldein-Spiel** übersetzen, bei dem keine übliche Runde gespielt wird. Wie der Name schon sagt, es wird quer über den Platz gespielt, wobei die Löcher nicht in gewohnter Form zusammengestellt sind.

Da staunt ihr, die ihr mit der Golf-Etiquette groß geworden seid.

Nun, es ist ja ein Jux-Spiel und keine Meisterschaft.

Also, das geht so:
Zum Beispiel: von Abschlag 1 quer rüber auf das Green von Loch 3 (!!!).
Dann vom Abschlag 3 auf das Fairway von Loch 5.
Weiter von Abschlag 5 in den Bunker der Bahn 7 usw.

Erschwernisse und spezifische Vorschriften können das Spiel interessanter gestalten.

So können Geschicklichkeitsproben
verlangt werden, wie beispielsweise
einen Abschlag mit verbundenen Augen
oder
auf den Knien
oder ein erzwungener Bunkerschlag und so weiter.

Gewitzte Spielführer positionieren die Fahne auch schon mal im Bunker.
Den Spielideen sind kaum Grenzen gesetzt.

Ein echtes Fun-Erlebnis, gegen (fast) alle gewohnten Regeln zu spielen.

Sollte man mal probieren.

87

Hello Kids,

your reports about golf games were very interesting and informative. Fantastic. You did your homework very well. So, everybody gets a mark "one". Congratulations! I´m very proud of you.

I would like to add two special competitions, they are not tournaments, but they can be played as a part of a tournament. I´m sure you have heard about it. Here some facts:

LONGEST DRIVE

Words:
- ➢ drive = Abschlag
- ➢ long – longer – longest
  Wir erinnern uns: Steigerung
  der einsilbigen Adjektive

Die Spielleitung legt vor Beginn des Wettspiels eine Spielbahn fest, auf der der spezielle Contest Longest Drive stattfindet.

Es gewinnt jener diesen Sonderpreis, der den **weitesten Abschlag auf dieser Spielbahn macht.** Der Ball muss dabei auf dem Fairway zur Ruhe kommen.

NEAREST to the PIN

Words:
- ➢ pin or flag = Flagge, Fahne
- ➢ near – nearer – nearest = nahe, näher, am nähesten

Wie der Name schon sagt, diesen Extra-Preis gewinnt jener Spieler, dessen Abschlag auf dem Green landet **und am dichtesten/nähesten an der Fahne liegen bleibt.**

Gewöhnlich wählt man dazu ein Par-3-Loch aus, das vorab festgelegt wird.

5. The Score

Unsere Kids haben soeben ihr Wettspiel beendet und erzählen nun mehr oder weniger aufgeregt über ihre Runde.

Hören wir mal ´rein in die Gespräche, die nur so von englischen Begriffen wimmeln, und versuchen, deren deutsche Bedeutung aufzuhellen.

Hier auszugsweise einige Wortfetzen:

*Mit meinem **Score** bin ich heute ganz und gar nicht zufrieden.*

SCORE
➢ Punktestand
➢ Spielstand
➢ Spielergebnis

*Vergiss trotzdem nicht, deine **Scorecard** abzugeben.*

SCORECARD
➢ die Zählkarte
➢ auch Scorekarte

Entsprechend Golfregeln wird im Zählspiel eine Zählkarte (Scorekarte) zum Aufschreiben der Schlagzahl nach jedem Loch geführt. Nach Beendigung der Runde muss der Zähler die Zählkarte unterschreiben und dem Bewerber aushändigen. Dieser bestätigt mit seiner Unterschrift alle Angaben auf dieser Karte und **muss** sie bei der Spielleitung einreichen.

Ich glaube, ich habe heute mein **Handicap** *verbessert.*

HANDICAP

Das Handicap, auch Vorgabe genannt, ist die Schlagzahl, um die man nach 18 Löchern über dem Course-Rating-Wert (CRW) des Platzes liegt.
Damit wird die Spielstärke des Golfers ausgedrückt.

Im Vorgabensystem der European Golf Association (EGA) sind alle dazugehörigen Regularien zusammengefasst.

Interessant für Anfänger:
Vorgabenklasse 6: HCP -37 bis HCP -54, der so genannten Clubvorgabe.

War heute gut drauf. Spielte insgesamt viermal **Par** *auf der Runde.*

PAR
= **P**rofessional **A**verage **R**esult

➢   average = Durchschnitt/durchschnittlich

Par ist die Schlagzahl, mit der eine Spielbahn absolviert werden soll.
Ein Par 3 bedeutet also, dass die Bahn idealerweise mit 3 Schlägen zu spielen ist. Ein Par 4 dementsprechend mit 4 Schlägen und ein Par 5 mit 5 Schlägen.

Die Summe aller Pars ergibt das Par des Platzes, z. B. Par 72. Vor allem die Länge der Bahnen bildet die Grundlage für diese Einteilung.

Gleich am ersten Loch spielte ich
ein Bogey.

BOGEY

Wisst ihr, was sich hinter dem Wort versteckt?
Nein? Dann lest weiter:

Es begann so um 1890 in England. Im Coventry Golf Club führte man für jedes Loch ein System der Standardisierung der Schlagzahl ein. Diesen Ground Score (Basis Wert) sollte ein guter Spieler an dem Loch erzielen.

Bei einem Wettspiel im Great Yarmouth Club rief plötzlich ein gewisser, Mr Wellman aus: *"This player of yours is a regular Bogey man."*

Das war sicher eine Anspielung auf ein in damaliger Zeit sehr bekanntes Lied:
"Hush! Hush! Hush! Here Comes the Bogey Man."

Das war populär, kam bei den Golfern gut an, so erhielt der Ground Score die Bezeichnung
Bogey Score, kurz Bogey.

In Deutschland ist ein ähnliches Lied, ein Kinderspiel, bekannt: „Keine Angst vorm Schwarzen Mann", das ihr sicherlich auch kennt.

Das Wort Bogey, von „bogle" oder schottisch „goblin", wurde im weitesten Sinne gebraucht für „Kobold" oder „Devil" (Teufel). Die Golfer, die nun sich vergleichend gegen diesen Ground Score spielen wollten, stellten sich vor, sie würden gegen einen gewissen „Mister Bogey" spielen.

Mit dem Profi-Golfsport setzte eine stürmische Leistungsentwicklung ein, besonders in den USA. Mit dem PAR entstand ein neuer Messwert als Basiswert oder Standardwert. So wie wir ihn heute kennen.

Und aus Bogey wurde ein Schlag über Par.

*Das 8. Loch hatte es in sich, ich erzielte nur ein **Double Bogey** und mein Flightpartner gar nur ein **Triple Bogey**.*

Nun, da wir die Geschichte vom „Bogey" bereits kennen, ist eigentlich klar, was dies bedeutet.

DOUBLE BOGEY
= 2 Schläge über Par
double = doppelt oder Doppel

TRIPLE BOGEY
= 3 Schläge über Par
triple = dreifach oder Drei-/Dreier

*„Auf dem 12. Loch hatte ich einen tollen Lauf: erstmals ein **Birdie** auf einem PAR 5 gespielt!"*

BIRDIE
birdie = Vögelchen
„Vögelchen" beim Golfen? In den USA verstand man früher im Jargon unter „bird" = „anything excellent", „alles hervorragend".
Im Jahre 1903 waren die Brüder Smith und Mr Crump auf dem 2. Loch, einem Par 4, unterwegs. Als Ab Smith seinen zweiten Schlag bis kurz vor das Loch spielte, soll er begeistert ausgerufen haben:
"That was a bird of shot!"
Er lochte dann mit seinem dritten Schlag sicher ein und lag damit einen Schlag unter Par. Diese Begebenheit soll Pate gestanden haben für die Anwendung des populären Begriffes „bird" auf den Golfsport.
Später ist daraus „birdie" geworden, **also 1 unter Par.**
Sicher auch deshalb, weil der Ball hoch und weit wie ein Vogel flog.

Zwei kleine Ergänzungen zur „Vogelkunde"
meinerseits: unser Clubmeister hat
*sogar ein **Eagle** geschafft.*

EAGLE

➢ eagle = der Adler

Aber wieso Eagle?
Angefangen mit dem „bird", wollte man jetzt bei der „Vogel-Thematik"
bleiben. Ein Ergebnis von zwei unter Par ist eigentlich ein „big birdie".
Und ein „big bird" ist beispielsweise ein „eagle", wer dächte da in den
USA nicht an dieses Nationale Symbol! So lag es nahe, dieses
Superergebnis als Eagle zu bezeichnen.
Also, Eagle = 2 Schläge unter Par.

... und dann gibt es noch den ...

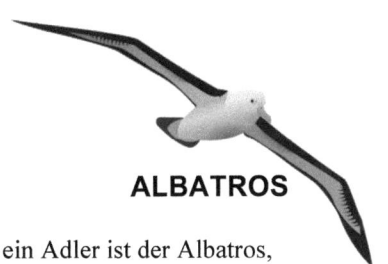

ALBATROS

Noch größer als ein Adler ist der Albatros,
ein Meeresvogel/Seevogel. Seine Flügelspannweiten können über 3,5 m
erreichen und übertreffen damit jede andere lebende Vogelart.
Albatrosse sind sehr gute Flieger. Daher sicherlich die Anlehnung zum
Golfsport.
Wer also seinen Golfball sehr weit durch die Luft treibt und damit
3 Schläge unter Par bleibt, der hat einen „Albatros" gespielt.

Alles klar?
Für uns kein Thema, doch dies zu wissen ist so verkehrt nicht.

93

Hallo Fans, hat von euch jemand ein
Hole-in-one *gespielt?*

HOLE-IN-ONE

Der Ball wird vom Abschlag direkt
ins Loch geschlagen,
also **mit einem Schlag hinein ins Loch!**
Auch als ACE = Ass bekannt.

*Nein, aber ich hatte eine **Lady***
auf der 11.

Angeber!
Du und eine **LADY!**

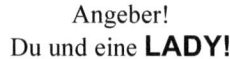

Beim Golfen ist auch dies möglich.
Eine „Lady" in diesem Sinne ist unter Golfern ein umgangssprachlicher
Ausdruck für einen missglückten Abschlag eines männlichen Spielers.
Sein Ball flog nicht einmal über die Abschlaglinie des kürzesten Damen-
Abschlages hinaus (welche Schande!).
Wird manchmal auch als "Girlie" bezeichnet. Üblicherweise lädt der
Spieler, der eine "Lady" hatte, die Mitspieler seines Flights nach der
Runde auf ein Getränk im Clubhaus ein.

Schade, für Mike war es heute
*ein **No Return.***

NO RETURN

Im Wettspielprotokoll kann man manchmal hinter einem Namen lesen:
No Return.

Das bedeutet, der Spieler hat das Turnier oder die
vorgabenwirksame Runde nicht beendet.

> ➤ no return = wörtlich: keine Rückkehr/Rückgabe

Morgen geht's auf dem
anderen Platz weiter.
Ein Glück, dass es für uns
*keinen **Cut** gibt.*

CUT

Bei den großen Turnieren werden üblicherweise vier Runden gespielt.
Nach zwei Runden wird das Teilnehmerfeld (meistens über 100
Golfer) reduziert. Es wird ein „Schnitt" gemacht. In der Regel findet
eine Halbierung der Teilnehmerzahl statt. Entsprechend der erreichten
Schlagzahl darf die „bessere Hälfte" in die 3. und 4. Runde gehen und um
den Turniersieg spielen. Für die Spieler, die den Cut nicht schaffen, ist
das Turnier schon zu Ende.

> ➤ Cut = wörtlich: der Schnitt oder schneiden

LESETEXTE * READING TEXTS

Finally, you can find here some short English texts about golf, including some reading aids. If the text is too difficult, use a dictionary. Let´s start, read and try to understand the content.

1. EQUIPMENT

Golf equipment contains the various items that are used to play the sport of golf. Types of equipment include the golf ball itself, implements designed for striking the golf ball, devices that aid in the process of playing a stroke, and items that in some way enrich the playing experience.
These are:
Under the rules of golf, a **golf ball** has a mass no more than 45.93 grams, has a diameter not less than 42.67 mm.

A golfer typically transports his golf clubs in **a golf bag.**

A player usually carries several **golf clubs** during the game (but no more than fourteen, the limit defined by the rules). There are three major types of clubs, known as woods, irons, and putters.

Club head covers protect the clubs from striking each other and from weather and damage while in the bag. There are covers for all types of clubs.

Most golf bags have a ring to which a player can tie or clip **a golf towel,** used to wipe hands and clean or dry balls and club faces.

A tee is an object (wooden or plastic) that is pushed into or placed on the ground to rest a ball on top of for an easier shot; however, this is only allowed for the first stroke (tee shot or drive) of each hole.

A ball marker is a round, flat piece of metal or plastic for the purpose of marking the position of the ball on the green.

A pitchfork is used to repair a ball mark (a depression in the green where a ball has hit the ground on its approach shot).

2. THE GOLF COURSE

A golf course is the grounds where the game of golf is played.

It comprises a series of holes, each consisting of

> ➤ a teeing ground,
> ➤ a fairway,
> ➤ the rough
> ➤ hazards of two types: (1) water hazards, such as ponds, lakes, and rivers; and (2) bunkers, or sand traps.
> ➤ and a green with a flagstick ("pin") and hole ("cup").

A standard round of golf consists of 18 holes.

Most courses contain 18 holes (par-3, -4, and -5 holes).

Some courses share fairways or greens.

A subset of Golf courses has nine holes, played twice per round.

Par-3 courses consist of nine or 18 holes all of which have a par of three strokes.

Many older courses are links, often coastal.

Golf courses are
> ➤ private,
> ➤ public
> ➤ or municipally owned.

A typically feature is a pro shop.

Many private courses are found at country clubs.

Etiquette is very important on Golf courses.

3. THE TEE TIME

It is the pre-arranged, specified time for you or your group to begin your round.

Tee times are allotted throughout the day, usually in increments of 7-15 minutes depending on the expected pace of play.

For instance, a 10 a.m. tee time might be followed by a 10:10 tee time, then a 10:20 tee time, and so on.

Most courses accept tee times, and many require them, although there are some that do not take them.

Tee times can usually be made at least several days in advance, but it's always a good idea to call and ask for the tee time policy well in advance when playing a new course.

Some words:
- ➢ tee time (not tea time!) = die Startzeit für das Spiel auf der Runde
- ➢ tee times are allotted = Abschlagszeiten werden vergeben …
- ➢ in increments of …= in Abständen von …
- ➢ to depend on … = abhängig von …
- ➢ to expect = erwarten
- ➢ pace of play = Spieltempo
- ➢ in advance = im voraus

I stop reading.
I have headache yet.
It is enough for today.
Let´s play golf.

4. THE TEEING GROUND

The "teeing ground", also called tee, is the starting place for the hole to be played. It is a rectangular area two club-lengths in depth, the front and the sides of which are defined by the outside limits of two tee-markers.
A ball is outside the teeing ground when all of it lies outside the teeing ground.
That means:
> the ball must be teed between the markers
> that define the teeing ground's width.

Most courses have at least six sets of tee markers, each a different colour and denoting different yardages.
For example:
 ➢ white tee markers for professionals (men)
 ➢ black tee markers for female professional golfers
 ➢ yellow tee markers for men, amateurs
 ➢ red tee markers for ladies, amateurs
 ➢ blue and orange tee markers for seniors (men/women)

5. THE TEE

There is another tee in golfing: a small pin made of wood or plastic, or a combination of both materials.

It is put into the teeing ground during the tee-off.
The ball may be placed onto the tee and so it is increased and is easier to play. The teeing-off is only allowed on the first stroke of each hole.

This tool must not be longer than 4 inches (101.6 mm).
The tee must not be designed or manufactured in such a way that it could indicate the line of play or influence the movement of the ball.

Some words:
 ➢ during the tee-off = während des Abschlags
 ➢ it is increased = er ist erhöht
 ➢ a tool = ein Hilfsmittel
 ➢ the line of play = die Spiellinie
 ➢ to influence = beeinflussen

6. THE MULLIGAN

You had a very bad first shot? Then take a mulligan and hit it again, without penalty.

Oh, no, that is against the rules!!! Okay, a mulligan is a second chance to hit a drive, but only in a friendly match. All flight partners agree to this before the beginning of the game. Mulligans are most commonly played on the first tee, or played as one mulligan per nine holes.

The term probably goes back to the Canadian golfer David Bernard Mulligan. Once, in the late 1920s, on the first tee, his partners allowed him to hit a second ball after mishitting his drive.

The reason: Mr Mulligan was out of control, angry, confused. His friends let him play a second ball. They loved it and soon began playing themselves "Mulligans".

7. FORE

A word of warning cried out by a player who has hit an errant shot.

You should cry "fore!" to warn players to watch out, if your shot is in danger of hitting or landing very close to another player or group of players on the course, for instance, if you slice a ball into an adjoining fairway.

A popular theory is that the term has a military origin. In warfare of the 17th and 18th century infantry was at the front line while artillery batteries fired from behind, over their heads. An artilleryman cried "beware before" to warn the infantrymen to drop to the ground. Today: "beware before" became shortened to "fore."

Some words:
➢ an errant shot = verfehlter Schlag, der Gefahren verursachen könnte
➢ if you slice a ball = wenn du einen Ball verziehst …
➢ into an adjoining fairway = in ein benachbartes Fairway hinein
➢ in warfare … = im Krieg; in der Kriegsführung …
➢ beware = Achtung/Vorsicht

8. DIVOT

Most shots from the fairway with an iron will scrape off the top of the turf where the ball was resting. "Divot" refers to both the turf that is scraped up, and the scarred area in the fairway where the turf had been.

A "good" divot starts just in front of the ball - meaning that your club struck the ball first, then the ground. If the divot starts behind the ball, you have mis-hit the shot (this type of mis-hit is often called hitting the ball "heavy" or "fat").

If you create a divot with your shot, you have to repair it.

Some words:
- ➢ scrape off = herausreißen
- ➢ scrape up = aufreißen
- ➢ to rest = ruhen, liegen
- ➢ to refer to … = sich beziehen auf …
- ➢ both ... and = sowohl als auch
- ➢ a scarred area = eine narbige Fläche
- ➢ struck = pastform of strike (schlagen)

9. DROPPING

A ball to be dropped under the Rules must be dropped by the player himself.

He must stand erect, hold the ball at shoulder height and arm's length and drop it.

If a ball is dropped by any other person or in any other manner and the error is not corrected as provided in Rule 20-2, the player incurs a penalty of one stroke.

Some words:
- ➢ to drop the ball = den Ball fallenlassen
- ➢ the error = der Fehler
- ➢ to incur a penalty = sich einen Strafschlag zuziehen

10. THE BUNKER

A "bunker" is a hazard consisting of a prepared area of ground, often a hollow, from which turf or soil has been removed and replaced with sand or the like.

Grass-covered ground bordering or within a bunker, including a stacked turf face (whether grass-covered or earthen), is not part of the bunker.

A wall or lip of the bunker not covered with grass is part of the bunker.
The margin of a bunker extends vertically downward, but not upward.
A ball is in a bunker when it lies in or any part of it touches the bunker.

Some words:
> ➤ a hazard = ein Hindernis
> ➤ consist of = bestehen aus
> ➤ a hollow = eine Vertiefung
> ➤ turf or soil = Grasnarbe oder Erdreich
> ➤ or the like = oder Ähnliches
> ➤ a stacked turf face = aufgeschichtete Grassoden
> ➤ the lip of = der Rand von
> ➤ the margin of = der Rand/die Begrenzung des …

11. THE OUT OF BOUNDS

"Out of bounds" is beyond the boundaries of the course.
Objects defining out of bounds can be walls, fences, stakes and railings. They are not obstructions, they are fixed. The out of bounds line is determined by the nearest inside points of the stakes or fence posts at ground level. When out of bounds is defined by a line on the ground, the line itself is out of bounds. A ball is out of bounds when all of it lies out of bounds. A player may stand out of bounds to play a ball lying within bounds.

Some words:
> ➤ Out of Bounds = Aus (das Spielfeld-Aus)
> ➤ beyond the boundaries = jenseits der Begrenzung
> ➤ they are not obstructions = sie sind keine Hindernisse

12. THE GREEN

The green is an area of very closely trimmed grass on relatively even, smooth **ground surrounding the hole,** specially prepared for putting.
The green is usually flatter than other areas of the course.
Typically is: sand or water hazards can be – and often are – placed next to the green.

The **hole, or cup,** is always found within the green and must have a diameter of 108 millimeters (4.25 in) and
a depth of at least 10 centimeters (3.94 in).
Its position on the green is not fixed
and typically is changed daily
by a greenkeeper in order
to prevent wear and damage to the turf.

The hole has **a flag** on a metal pole positioned in it so that it may be seen from a distance, but not necessarily from the tee. This location marker is officially called the "flagstick" but is also commonly referred to as the "pin.".

Some words:
- ➢ green = das Grün
- ➢ smooth ground = glatter Boden
- ➢ diameter = Durchmesser
- ➢ 4.25 in = 4,25 inches
- ➢ in order to prevent = um zu vermeiden/verhindern
- ➢ wear and damage = Abnutzung und Schäden
- ➢ commonly referred to as = allgemein bezeichnet als

Lastly, a little bit golf history

a) About the term PAR

In 1870, Mr AH Doleman, a golf reporter, asked the golf professionals David Strath and James Anderson, what score would win 'The Belt', the the winning trophy for 'The Open', at Prestwick, where it was first held annually from 1861 to 1870.

Strath and Anderson said that perfect play should produce a score of 49 for Prestwick's twelve holes.

Mr Doleman called this Par - **P**rofessional **A**verage **R**esult - for Prestwick.

The Tom Morris Jnr won with a score of two strokes **'over Par'** for the three rounds of 36 holes.

b) About the golf handicap

And now an overview for your better understanding of golf handicaps and their role.

The USGA (United States Golf Association) introduced a handicap system **in the early 20th Century.**

The purpose of the system has always been to attempt to level the playing field for golfers of differing abilities, so that those golfers can compete equally.

For example, imagine someone whose average score is 92 trying to compete against someone whose average score is 72.

Without a handicapping system, it can't be done. A

At least not fairly.

GOLF VOCABULARY from A to Z

A

Ace	Einlochen des Balles mit einem Schlag, "hole-in-one"
Approach	Annäherungsschlag auf's Grün
Apron	Das Vorgrün
Away	Der Ball, der am weitesten vom Loch entfernt ist. Solcher Ball hat Vorrang im Spiel.

B

Backspin	Rückwärtsdrall des Balles
Back Side	Die letzten 9 Löcher pro Spiel (Back Nine)
Bag	Golftasche
Birdie	Einlochen mit einem Schlag unter Par
Blind Green	Das Grün, dass der Spieler nicht vom Abschlagspunkt einsehen kann.
Bogey	Einlochen mit einem Schlag über Par
Break	Das Gefälle oder die Schräge auf dem Grün. Der Ball „bricht" gewöhnlich aus dem geraden Rollverlauf in Richtung des Gefälles aus.
Bunker	Die „Sandkuhle" auf der Spielbahn. Der Bunker zählt als Hindernis.

C

Caddie	Helfer des Golfspielers
Caddy	Wagen für die Golftasche
Canon Start	Der gleichzeitige Start auf allen Spielbahnen nach einem akustischen Signal („Kanone")
Cart	Elektrowagen für Golfplätze
Chip	Kurzer Annäherungsschlag auf das Grün.
Chippen	Einen Chip ausführen
Chipping Area	Übungsfläche für Chipping (und Pitching)
Chips	Münzen für Ballautomat (auch Token)
CRW	Course-Rating-Wert, ein Maß des Schwierigkeitsgrades eines Golfplatzes

D

Dimples	Die Vertiefungen des Balles
Divot	Herausgeschlagenes Rasenstück
Divot Tool	Pitchgabel
Dog-Leg	Spielbahn, die links/rechts „abbiegt", wörtl.: Hundebein
Double Bogey	Einlochen mit 2 Schlägen über Par
Draw	Ein Schlag mit Ballflugkurve nach links
Drive	Der Abschlag, gewöhnlich mit Tee
Driver	Der Holzschläger Nr. 1 (Holz 1)
Driving Range	Übungs- und Trainingsplatz der Golfer
Droppen	Das Fallenlassen des Balles entsprechend der Regeln

E

Eagle	Einlochen mit zwei Schlägen unter Par
Early Bird	Ein Spieler ganz früh morgens auf dem Platz
EDS	Extra Day Score, wird auf einer Privatrunde erzielt
Equipment	Die Ausrüstung eines Golfspielers
Etiquette	Das sportliche Verhalten auf dem Golfplatz
Explosion	Schlag mit viel Sand aus dem Bunker
Extra Hole	Zusätzliches Loch bei Gleichstand

F

Fade	Ein Schlag, wobei die Flugkurve zunächst leicht nach links geht und dann nach rechts abdreht.
Fairway	Die recht kurz geschnittene und gepflegte Rasenfläche zwischen Abschlag und Grün, die eigentliche Spielbahn
Flagstick	Stock mit einem Fahnentuch an der Spitze, der die Position des Loches anzeigt. Auch „Pin" genannt.
Flight	Bezeichnung für die Spielergruppe auf der Runde
Fore	Lauter Warnruf eines Spielers, um zu signalisieren, dass ein Ball gefährlich nahe angeflogen kommt.
Fringe	Der kurz gemähte Rand rund um das Green
Front Side	Die ersten neun Löcher eines Spiels (Front Nine)

G

Grain	Wuchsrichtung des Grases
Green	Das Grün, die Fläche rund um das Loch
Greenfee	Benutzungsgebühr für den Golfplatz
Grip	Der Griff (Teil des Schaftes oder Handhaltung)
Groove	Die Rillen auf der Schlagfläche
Gross	Bruttoergebnis. Die Anzahl der Schläge (ohne Handicap)

H

Hacker	Umgangssprachl. Bezeichnung für schlechte Spieler
Handicap	Vorgabe. Eine Zahl, die das Leistungsniveau des Spielers anzeigt; die Schlagzahl, um die man nach 18 Löchern über dem Par des Platzes liegt.
Hazard	Hindernis: Bunker oder Wasserhindernis
Heel	Das Ende des Schlägerkopfes
Hole	Das Loch
Hole-in-one	Mit einem Schlag einlochen
Hook	Ein Schlag wobei die Flugkurve bogenförmig nach links verläuft (bei einem Rechtshänder)
Hosel	Verbindungsstelle zwischen Schaft und Schlägerkopf

I – J – K

Imput	Der Treffmoment Schläger-Ball
Insert	Einlage in der Schlagfläche, z. B. beim Driver
Interlocking	Eine Griffart
Iron	Der Eisenschläger
Jigger	Alte Bezeichnung für das Eisen 4

L

Leaderboard	Ergebnistafel bei Golfturnieren
Lie	Der Winkel zwischen Schlägerschaft und Boden
Links	Ein Platz entlang der Küste, typisch schottisch
Loft	Der Neigungswinkel des Schlägerblattes
Loose impedi-iment	Lose hinderliche Naturstoffe. Natürliche Gegenstände, die nicht angewachsen oder befestigt sind, z. B. Blätter, abgebrochene Zweige,
Lost Ball	Verlorener Ball. Ein Ball, der nach dem Suchen nicht gefunden wurde

M - N

Marker	Eine winzige Scheibe zur Markierung der Balllage auf dem Grün
Marshall	Helfer bei Golfturnieren oder Aufsichtsperson
Match play	Ein Wettspiel, wird lochweise gezählt
Mulligan	Ein zweiter straffreier Abschlag nach misslungenem ersten Abschlag. Diese Abschlagswiederholung ist nicht regelkonform.
Nine-Iron	Eisenschläger Nr. 9
No return	Ein Spieler hat das Turnier oder die vorgabenwirksame Runde vorzeitig beendet. Wörtl.: keine Rückkehr bzw. Rückgabe der Scorekarte

O – P – Q

Obstructions	Hemmnisse. Alle künstlichen Objekte auf dem Golfcourse (Straße, Bank, Schilder usw.)
Out of Bounds	Außerhalb der Spielbahn. Das Spielfeld-Aus
Overlapping	Griffart, bei der einzelne Finger „überlappen"
PAR	Abkürzung für Professional Average Result. average = durchschnittlich. Eine Wertungseinheit.
Penalty stroke	Strafschlag
Pitch	Ein steiler Annäherungsschlag auf das Green, bei dem der Ball durch Backspin schnell zum Liegen kommt.
Pitch Mark	Kleine Vertiefung, die der Ball beim Auftreffen auf dem Grün hinterlässt.
Pro	Bezeichnung für Golftrainer: Professional
Pull	Ball mit gerader Flugbahn, der links vom Ziel landet (Rechtshänder)
Push	Ball mit gerader Flugbahn, der rechts vom Ziel landet
Putt	Schlag auf dem Grün, um einzulochen
Putter	Der spezielle Schläger zum Einlochen oder der Spieler, der puttet.
Putting Green	Das Übungsgrün mit mehreren Löchern
Qualifying	Die Qualifizierung für die Profi-Tour

R

Rabbit	Umgangssprachl. Bezeichnung für Golfanfänger
Range	Die Driving Range. Der Übungsplatz
Rangefee	Gebühren für die Benutzung der Driving Range
Ranger	Helfer auf dem Golfplatz
Release	Der Moment im Schwung, in dem man die Handgelenke wieder „entwinkelt"
Rough	Hohes ungemähtes Gras außerhalb des Fairways
Rules	Die Golfregeln

S

Score	Das Gesamtergebnis, die Gesamtzahl aller Schläge nach 18 Löchern
Scorecard	Die Zählkarte zur Eintragung der Schlaganzahl
Slice	Schlag mit Ballflugkurve bogenförmig nach rechts
Slope	Maß des relativen Schwierigkeitsgrades eines Platzes für Bogey-Golfer (Hcp ca. -20)
Stableford	Zählspiel bei dem das Netto durch Netto-Stableford-Punkte ausgedrückt wird
Stroke	Der Schlag
Stroke Play	Zählspiel
Sweet Spot	Der ideale Treffpunkt auf dem Schlägerblatt (mittig)
Swing	Der Golfschwung

T

Tee	1. Ein kleiner Holz- oder Plastikstift zum Aufsetzen des Balles beim Abschlag. 2. Die Abschlagsfläche.
Tiger/Rabbit	Fortgeschrittene und Anfänger gemeinsam auf der Runde
Token	Münze für den Ballautomaten
Toppen	Man trifft den Ball in seiner oberen Hälfte
Trolley	Wagen für die Golftasche

U – Z

Up	1. Die Anzahl der Löcher, die ein Spieler bei einem Lochspiel in Führung liegt. 2. Die Löcher 10 bis 18 eines Platzes
US-Open	Nationale Amerikanische Golfmeisterschaft
Vardon-Grip	Griffart nach Vardon. Overlapping Griff.
Waggle	Auftakt-Wackel-Bewegung des Schlägerkopfes
Water Hazard	Wasserhindernis
Wedge	Eisen mit stark geneigter Schlagfläche
Woods	Hölzer. Bezeichnung für Holzschläger, z. B. Holz 3
X-out Ball	ausge-„x"-ter Golfball, der die Qualitätsprüfung nur eingeschränkt bestanden hat und daher nicht für Wettkämpfe zugelassen ist, nur für private Spiele
Yardage Book	Handbuch für einen Golfplatz, in welchem die einzelnen Spielbahnen dargestellt sind.
Yips	Nervenproblem beim Putten, man verschiebt kurze Putts
Zinger	Ein Ball, hoch und hart an der Vorderseite getroffen, verursacht einen niedrigen Flug und leichtes Vibrationsgefühl.

APPENDIX * ANHANG
Alle Publikationen des Autors auf einen Blick

AKTUELL
Handbücher für Lehrer, Trainer, Übungsleiter
1. „ABSCHLAG GOLF: JUGEND & OLYMPIA"
2. „SCHULE & GOLF"

Broschurartige Bücher, vor allem für Schüler, auch für Erwachsene
3. „GOLF-OLYMPISCHES VON A BIS Z" (2. Version)
4. „GOLF & ENGLISCH "

JUNIORGOLF-REIHE: Jugend – Golf - Olympia
5. „OLYMPISCHE SPIELE UND GOLF". Teil 1 der Olymp. Reihe
6. „OLYMPISCHE IDEE UND IDEALE IM GOLF". Teil 2
7. „FAIR GEHT VOR! UND SPIRIT OF THE GAME ". Teil 3
8. „CITIUS-ALTIUS-FORTIUS". Teil 4
9. „GOLF-OLYMPISCHES WORKBOOK ". Teil 5

Außerdem sind erschienen:
Zum Themenfeld GOLF & SCHULE
10. „Schule + Golf = Schulgolf". Golf im Unterricht
11. „Das 1 x 1 des Caddying". Projekt zur Golf WM
12. „Die kleine Golfregel-Fibel". Über Etikette und Golfregeln
13. „Auf der Runde". Technik und Taktik-Tipps
14. „Grundwissen Golf". Was man über Golf wissen sollte
15. „Golfsprache Englisch". Words/Phrases/Backgrounds
16. „Golf in der Schule". Lehrer-Handreichung
17. „Golfen ist cool!". Schüler-Handbuch
18. CD-ROM: „Golf-Blätter". Über 130 Kopierseiten
19. CD-ROM: „Pädagogisches". Rahmenlehrplan Golf u.a.m.
20. CD-ROM: "Easy English". Golfsprache Englisch
21. DVD: "Caddying". Ein Lehrfilm, Schülerprojekt
22. Bildband: „20 Jahre Schulfach Golf und vieles mehr"
23. CD-ROM: „Wahlpflichtfach Golf". Impressionen

Zum Themenfeld OLYMPIA-GOLF-JUGEND
24. „Abschlag Rio: Jugend trainiert GOLF für Olympia"
25. „Das Arbeitsheft zum Buch ‚Abschlag Rio ...". Format A 4
26. CD-ROM: „Arbeits- und Kopiermaterialien JFTO"